_____ 님에게

드립니다.

성경에 많이 분포된 히브리인들의 문장표현법

교차 대구법
Chiasmus Parallelism

초판 2019년 9월 10일 1쇄 인쇄
초판 2019년 9월 20일 1쇄 발행

지은이 | 최 기 태
펴낸이 | 민 병 문
펴낸곳 | 새한기획출판부
주 소 | 04542 서울특별시 중구 수표로 67 천수빌딩 1106호
T E L | (02) 2274-7809 / 070-4224-0090
F A X | (02) 2279-0090
E-mail | saehan21@chol.com
출판등록번호 | 제 2-1264호
출판등록일 | 1991. 10. 21

값 10,000원

ISBN 979-11-88521-16-6 03230
Printed in Korea

교차 대구법

성경에 많이 분포된 히브리인들의 문장표현법

Chiasmus Parallelism

χίασμα

최기태 목사 저

도서출판 새한

목회현장 떠난 지 18년,

선교현장 지킨 지 18년,

아버지 하나님의 너무 크신 은혜뿐이었습니다.

매 주일 준비된 축제의 예배로 하나님과 하나됨을 경험케 하시고 '내 주가 다스리시리' 감격의 찬양을 입에 달고 살게 하시며 믿음의 식구들이 사랑의 손길로 서로 보듬어 주며 살게 하심은 임마누엘의 최고 복임을 고백합니다.

어리석은 종의 실수로 교회와 성도님들께 아픔과 실망을 끼쳤어도 참아주시고 재기하도록 이끄신 분은 아버지 하나님뿐이셨습니다. 그때도 이제도 앞으로도 곁에 계실 분임을 믿고 고백드립니다.

이제 은퇴자로서 할 일을 찾았는데 그것은 배우려고 애쓰시는 신실하신 후배 목사님들에게 도움을 드릴 수 있는 책을 만들어 드리는 것 입니다.

「교차 대구법」 소개입니다.

이 생각도 강하게 밀어주신 분은 아버지 하나님이셨습니다.

종종 모임에서도 Chiasmus에 대해 물으면 전연 모르시는 분들이 생각보다 많아 말씀 이해와 설교 준비에 작은 도움이 되도록 소개드리는 것입니다.

인간들은 말하는 것으로 서로의 의사를 소통했으나 확실성이나 지속성의 한계가 있습니다. 당대뿐이지 사망하면 소멸되니까 글로 전하게 되는데 각 나라, 민족에 따라 사용하는 언어, 문자, 표현 방법이 사고의 틀에 따라 달라집니다.

우리는 보통 논지의 끝부분에 Climax로 핵심주제를 결론냅니다. 그런데 히브리인들은 특별한 사건이나 비밀스런 내용을 표현할 때 교차 대구법을 사용하는데 핵심주제를 중앙에 두고 양쪽으로 서로 대칭시켜가면서 설명합니다.

모든 목회자는 성령께서 기록자들에게 영감하여주신 말씀의 진정한 뜻을 알고 자신도 뜻대로 살아가면서 사랑하는 성도들에게 순전한 말씀을 그대로 전하기 원합니다.

그러면 신구약 성경에 수많이 심겨진 교차 대구법 즉 히브리인들의 문학적 특별 표현 방법을 꼭 알아야 하지 않겠습니까?

그래서 가급적 쉽고 간단한 실례를 구약에서 28편(주로: 오경에서)과 신약에서 24편(주로: 4복음서에서), 도합 52편을 선정하여 성경순서대로 제시했으므로 찾기 쉽고 또 1년간은 설교자료로 사용해도 충분하게 편재시켰습니다.

지금 저는 이 책을 읽으며 하나님의 시선을 따라 문맥의 핵심을 보며 진의를 찾고 맛을 좀 보강하여 사랑하는 교우들에게 확신있게 전하며 한껏 기뻐하시는 후배목회자들의 설교모습을 그려보며 마무리 작업을 했습니다. 이 책 출간을 위해 기도해 주시며 크게 협조해 주신 새한기획의 민병문 장로님께 감사드립니다.

감사합니다.

4. 구약에 있는 교차대구 구조의 말씀들

5. 성경에서 교차대구 구문을 찾아 도표 만들기 연습

제2부 알아두면 유익한 성경 속 문학적 표현 몇 가지

제 1 부

교차 대구법

(χίασμα: Chiasmus Parallelism)

01

독특한 히브리인들의 문장기법이다

대부분의 사람들은 어떤 사건이나 인물, 지형, 역사, 철학 등의 상태를 알리고 의견을 제시하며 평가를 내릴 때 제일 중요한 핵심을 결론 부분에 두어 독자들이 명확한 판단에 동조하여 따라오게 한다.

그런데 히브리인들은 극적 내용이나 중요한 사건을 문단 중앙에 배치한다. 문맥 중앙(M으로 표시. M=Main theme)에 핵심 주제를 배치하는 표현법인데 그 전후 내용을 마치 거울을 사이에 둔 물체가 대칭을 이루는 것처럼 자구나 내용이 대칭을 이루는 것이다.

이런 교차대구 구조는 독자들로 하여금 문장의 정형적 호응관계가 주는 문학적 흥취를 느끼게 함은 물론 자연스럽게 관심을 중심 부분(M)에 쏠리게 하는 효과를 갖게 한다.

교차대구법의 도표($\chi\acute{\iota}\alpha\sigma\mu\alpha$의 첫 자를 따서 "키" 도표)

행 11:1-18 이방인 고넬료 가문 개종과 할례파의 비난과 베드로의 변론

11:1	P (prologue) 서언
2, 3	A 베드로에 대한 힐난
4-10	B 베드로의 환상 진술
11, 12	M(Main Theme) 성령의 명령과 베드로의 순종
13, 14	B′ 고넬료의 환상진술
15-17	A′ 베드로의 최종 변론
18	E (Epilogue) 결언

P와 E, A와 A′, B와 B′ 마주보는 교차대구 구조다.

성령의 감동을 받아쓴 저자의 강조점은 핵심 M에 있으며 비중이 큰 내용일수록 M에 가깝도록 배치하는 수사적 형태다.

단락의 흐름과 내용을 가장 잘 파악할 수 있는 도면식 서술법이다. 전반부(A, B)보다 대응을 이루는 후반부(B′ A′) 내용이 보다 진전되며 더 구체적이다.

근대에 와서는 샌드위치 구조라는 별명으로 불리기도 한다.

빵	P 서언	P와 E 배열 내용 비교
샐러드, 토마토 등	A, B, C, D ...	A와 A′
햄, 고기	M(주제:)	B와 B′ 점층법
홍당무, 시금치 등	A′ B′ C′ D′...	C와 C′ 추가검토
빵	E 결언	D와 D′

이해하기가 더 쉽다.

02

CHIASMUS PARALLELISM

교차대구 구조를 배워야 할
이유가 충분히 있다

　우리 목회자는 하나님의 말씀을 잘 배워 알고 믿고 사랑하는 성
도들에게 가르쳐 지키게 해야 하니까 항상 바르게 알기 위해, 그리
고 좋은 설교를 준비하기 위해 머리, 마음, 시간, 기도, 정성을 다
드린다. 그런데 우리가 접하는 자료들은 1차적으로 유대인의 해석
서가 아니고 유럽 미주 등의 학자들의 서적들이다. 우리가 헬라어,
히브리어의 기초라도 배우는 이유가 무엇인가? 라틴어, 스메르어
까지 애써 배우는 이유는 신, 구약을 보다 더 정확히 처음 말씀을
주셨을 때의 하나님의 의도, 소원, 당부의 마음을 바로 이해하고
싶기 때문이다. 성경뿐 아니라 당시 역사, 지리, 관행언어, 문학, 예
술 전반에 걸친 것까지도 배우는 것이 모두 말씀을 정말 제대로 알
기 원해서이다.

그런데 성경에 교차대구 구조로 쓰여진 문단이 너무 많이 있어도 그에 반해 관심이 너무 적다는 것이다. 더구나 우리와 유대인의 생각과 표현이 많이 다르다는데, 이 유대인이 사용하는 특이한 표현법을 도외시한다면 성경의 핵심을 놓치는 경우가 얼마나 많겠는가 말이다.

성경에서 교차대구 구조를 찾을 때마다 느끼는 것은 성령님이 역사해 주신 것이 틀림없다는 것이다. 기록자들이 성령님 도움없이는 결코 이런 표현을 쉽고 가볍게, 어떤 경우엔 단거리 연상으로, 어떤 경우엔 장거리 연상으로 만들어 대조해 가며 은혜받고 핵심을 터득하게 할 수 없을 것이기 때문이다.

03

신약에 있는 교차대구 구조의 말씀들

1) 마 5:1-8:1 천국 백성의 의로운 대헌장

5:1	P	산에 올라가심
2	A	가르치시기 시작
3-16	B	천국백성 된 자의 성품과 가치기준 제시
17-48	C	온전케 하시는 새 계명 강론 시작
6:1-4	D	구제의 바른 태도
5-15	M	가장 중요한 기도
16-18	D′	금식의 바른 태도
19-7:12	C′	온전케 하시는 새 계명 강론 마침
7:13-27	B′	천국백성 된 자의 실천적 삶
28	A′	가르치시기 마침
8:1	E	산에서 내려오심

마태복음에 수록된 예수님의 5편의 강화 중 첫 번째 강화인 산상수훈이다. 그리스도의 초림과 재림 사이를 살아갈 교인들의 윤리헌

장이라고도 한다. 그리스도의 초림으로 천국은 이미 세상에 임했고 회개하고 복음을 영접한 이들은 천국시민이 되었다. 그러나 천국의 완성은 역사의 종말에나 온전히 이루어질 것이다(Already, not yet). 그리스도인들은 하나님의 진리와 사탄의 불법이 혼재하는 상태에서 이 세상을 살아간다. 이 때 필요한 것이 새 시대 새 기준의 예수께서 직접 입법하신 새 법의 제시이다. 신앙적 윤리적 삶의 절대 계명이다.

P 산이라는 단어 ὄρος는 언덕이란 뜻이다(눅 6:17에 τόπου πεδινοῦ 평지). 그런데 왜 산이라 했을까? 모세가 산에 올라가 십계명과 율법을 받았다. 그 사건을 패러디(parody)하기 위해 산이란 단어를 사용해 시내산 역사와 연계했다. 이제 예수님은 옛 계명에서 온전케 하시는 새 계명을 제시하시려 산에 올라가시는 것이다. 유대인 정서상 산이라 하면 시내산, 성전산 등 좋은 이미지가 연상되고, 바다라 하면 파도, 풍랑, 리워야단 등 좋지 않은 인상을 받는다는 것도 참조하면 도움이 된다.

A "입을 열어"는 즉흥적이 아니고 신념이나 의지를 강조하려 한다는 암시적 표현이고 가르쳐의 ἐδίδασκεν은 διδάσκω의 미완료 직설법 능동태다. 미완료는 헬라어에서 계속되는 동작이나 반복 동작을 가리킨다. 예수님은 천국복음을 자주 반복하여 가르치셨음

을 보여준다. 교육대상은 제자들이고 더 넓은 의미로는 무리까지 포함한다고 볼 수 있다.

B 시내산 언약체결로 구약시대 선민이 된 이스라엘 백성에게 십계명을 주시고 모세를 통해 율법이 수여된 사건과 연속선상에서 본문 이해가 필요하다. 예수님 안에서 천국백성이 된 자들은 이제 성품과 가치 기준이 달라야 한다. 특히 이방인이나 불신자들과는 관점이 다 달라야 한다. 복이 무엇인지부터 바로 가르치기 위해 8복부터 언급하셨다. 반복 대구 구조로 설명하시는 첫 단어가 Μακάριοι이다. 그런데 이병용 교수나 류호준, 최갑종 교수의 지적처럼 이 단어는 구약 시편의 '아쉬레'와 동일한 단어의 뜻이며 "… 이러이러한 조건에 처했다면 … 한 일을 했다면" 하는 조건에 따라 결과가 발생한다는 뜻이 아니고 "어떠어떠한 상태 속에 있다면 이미 복 안에 있으니 축하한다"는 뜻이다. "네가 지금 마음이 가난해서 하나님만 바라보고 주님의 은혜 안에 거하려는 소망 안에 있으며 성령의 충만을 바라는 상태라면 너는 이미 천국 안에 있는 것이며 축하한다, 박수쳐 준다"는 의미이다. "네가 복음, 예수 그리스도를 모르는 자들, 영적으로만이 아니라 육신적으로도 병들고 외롭고 가난한 자들을 보며 불쌍하고 애처로워 눈물이 나고 기도가 나온다면, 또 자기의 죄와 연약함을 들여다보며 속죄의 마음으로 눈물 흘린다면 너는 이미 천국 복 안에 들어와 있는 자니 축하한다,

박수쳐 준다, 하나님도 너를 위로한다"는 것이다.

교차대구법 풀이 중이므로 강해식 해설은 생략한다.

8복 내용에 우리가 늘 기도하며 바라는 건강, 재물, 자녀, 지위, 원대한 사업을 복이라고 언급한 대목은 없다. 진짜 최고의 복은 "임마누엘" 뿐이기 때문이다. 예수님이 제시하신 새 백성의 성품이 아니면 하나님 나라에서 살 수 없다. 그리고 구원받은 성도는 세상에 소금이요, 빛이다. 내가 소금인 것, 내가 빛인 것은 삼위 하나님께서 아실 뿐 아니라, 나를 보는 세상 사람들, 나를 먹어보는 세상 사람들이 제일 잘 안다. 내가 녹아지고 스며들어(십자가 짐) 또 먹혀야 부패도 막을 수 있고 아버지께 영광도 올려드리게 된다. 빛이신 나를 보면 빛이신 주님을 보게 되니 찾아와 구원의 대열에 서게 되어 천국은 확장되고 아버지는 영광받게 되는 것이다.

C 예수님은 옛 계명을 없애려 하셨나? 아니다. 온전하지 못하니 온전케 하시겠다는 것이다. 예수께서 온전케 하신 새 계명을 지켜야 온전한 자다. 어떻게 온전케 하셨나? "…너희가 들었으나" 옛 계명의 말씀을 들어왔고 배웠는데 "나는…" 예수께서 바꾸어 말씀하셨다. 살인, 간음, 이혼, 헛맹세, 복수, 원수 미워함의 순서로 선정해서 고쳐 설명하셨다.

D 구약 율법만 문제가 되는 게 아니다. 온전한 하나님의 백성이

되려면 사람들을 의식하고 잘 보이려고 하는, 외식하는 일을 버려야 한다.

6:1-4에서 구제할 때 타인에게 보이기 위해 의를 행하는 것을 금지하라고, 즉 공개적 구제는 하늘 아버지께 인정받지 못하니 상 받지도 못한다고 경고하셨다. 오른손이 구제한다면 왼손이 모를 정도로 은밀히 해야 하나님도 갚으신다. 나팔을 불면 안 된다. 쥐꼬리만큼 구제금 내고 여러 명이 손잡고 많은 카메라맨 앞에서 여러 번 사진 찍어 신문과 방송에 내야 할까.

M 가장 중요한 가운데에는 외식하는 기도 금지를 언급하면서 본문의 핵심인 주기도가 소개된다. 예수님은 당시 유대인의 가장 고질적인 병폐인 외식을 가장 싫어하셨다. 외식은 ὑποκριτής 가장하다, 꾸미다는 뜻으로 겉과 속이 다른 위선자를 의미하는 말로 쓰였다. "속여 자기 유익을 꾀하는" 부정적 의미로 사용됐다. 당시까지 사람에게 보이려고 기도도 회당과 큰 거리코너에서 했다.

유대인 시간으로 3시, 6시, 9시, 세 번 공식적인 기도 시간에 자신의 신앙심을 과시한 것이다. 주님은 골방에서 문을 닫고 은밀히 계시는 아버지와 교제하라는 것이다. 중언부언도 하지 말라고 하셨는데 생각없이, 쓸데 없이, 많은 말 하지 말라는 것이다. 그러면 주님은 어떤 기도를 하라고 가르치셨는가? 현재 우리가 기도하는 것과는 다른 기도였다. 예수님은 테필린(Tephilin)을 주신 것이다. 초기 유대인들은 4개의 테필라를 받았고 항상 이마와 손목에 테필라 박스를 붙이고 다녔으며, 제1의 말씀: 출 13:1-10, 제2의 말씀: 출 13:11-16, 제3의 말씀: 신 6:4-9, 제4의 말씀: 신11:13-21을 암송했고 그 후 랍비들이 추가하여 18개의 테필린이 있는데 지금도 유대인들은 암송한다. 중요한 것은 예수님이 주신 테필린이 주기도문이라는 것이다. 늘 암송하며 하나님과 우리의 관계부터 하나님께 올려드릴 것과 우리에게 주실 것을 되새겨야 한다.

너무 유명한 "주기도문"이지만 잘못 이해하는 경우도 많아서 간략히 소개한다.

주기도문의 첫 시작 단어는 아버지다. "아버지" 하고 부르면 생각할 것이 많다. 지금 내가 부른 아버지는 누구인가. 하늘에 계시는 분, 능력과 지혜와 사랑이 넘치시는 분, 무엇보다 날 사랑하시고 아들 삼아주시고 감싸주시는 분, 영원하시고 신실하시고 작은 것까지도 다 살펴주시고 나를 기뻐해주시는 그 분이 바로 내 아버지이시고 나와 같은 은혜를 입은 모든 구원받은 자들의 아버지! 참 아버지로 믿고 따르고 순종하고 사랑했나. 아버지 대접을 해 드렸는가. 아버지에게 사랑을 어떻게 표시해 왔는가. 어제도 오늘도 한결같이 동행해 주시고 보살펴 주시는데 또 내일도 아니 영원한 하늘나라에 들어갈 때까지, 들어간 후에도 좋은 것을 함께 하실 분. 정말 나와 우리 모두는 복중의 복을 받았다. 물론 예수님의 십자가를 통해서

말이다. 그러고 보니 아버지라고 부를 자격이 없는데도 아들 삼아 주셨는데 너무 대접을 못해드려서 죄송할 따름이다.

그래서 하나님 아버지를 위한 기원이 세 가지 이어진다.

① "이름이 거룩히 여김을 받으시오며" ―하나님의 이름이 구별되게 여겨지고 영광을 드러내는 진정한 주체는 하나님 자신이시니 우리는 겸허히 인정하고 동참함으로 아버지 대접을 해 드려야 한다.

② "나라이 임하옵시며" ―당신의 나라가 오게 하옵소서―창조자요 구속자요 삶의 주인이시고 왕의 왕이시니까 당연히 온 우주만상의 통치자가 되시는데 사탄의 꾀에 빠져 자기들이 왕노릇하는 인간들이 있으니 통치권을 하늘 아버지께 돌려드려서 하나님이 다스리시는 완전한 나라가 오게 해 달라는 것이다.

③ "하나님 아버지의 뜻이 땅에서도 이루어지이다" ―죄악된 곳에서도 하나님의 통치가 이루어져 의롭게 되기를 기도하는 것이다.

그리고 아버지 대접을 잘하는 방법 중엔 아버지께 졸라대는 일도 있어야 한다는 것이다. 하나님과 관계된 기도에서 인간에 대한 기도로 전환되는 부분에도 세 가지 요청이 있다. 아들이 자신의 문제나 요청을 아버지에게 바짝 붙어 매달려 떼를 쓰면 아버지는 오히려 기뻐하시고 흐뭇해 하실 것이다.

① "일용할 양식(우리들의)" – 생명유지를 위한 육적 양식이 필요하다. "최소한의 필요한 양식을 주세요" 당당히 기도해야 한다.

② "우리 죄를 사하여 주옵시고" – 원어성경은 죄를 하나님께 진 부채로 표현하고 있다. 기도하는 자들은 영적으로 성숙하여 형제의 잘못을 용서해 주어야 함을 강조하면서 하나님 아버지께 우리 죄도 긍휼히 여겨 용서해 주시기를(탕감) 기원하는 것이다. 형제, 이웃의 부채나 잘못을 탕감 또는 용서한다는 것은 사랑한다는 것이다. 주기도문 속에서도 이웃 사랑이 표현됨을 본다. 그러니까 하나님 사랑과 이웃 사랑이 다 그려진다. 크고 첫째 되는 계명(마 22:37-40)이 실현 내포되고 있다.

③"시험에 들게 하지 마옵시고 다만 악에서 구하옵소서" –주기도문의 마지막 간구이다. "우리로 하여금 마귀의 유혹에 빠지는 것을 허락하지 마소서. 도리어 우리를 그 악한 자로부터 구원하소서" 기도하라는 것이다.

이렇게 구체적인 간구의 기도를 마친 후 이 기도를 들어주실 하나님에 대한 신앙고백으로 끝 맺는다.

하나님의 통치가 이루어지는 나라와 그 나라를 하나님의 나라가 되게 하는 권세와 하나님 나라가 이루어짐으로 인하여 드러나게 될 영광이 단 한 순간도 중단됨 없이 영원히 있을것이라는 고백은 신앙고백의 금자탑이다. 그리고 이 기도가 진실하고 충실하다는 뜻의

"아멘"으로 마감한다.

우리도 날마다 깊이 생각하며 고백기도인 테필린으로 사용해야 한다. 무엇보다 꼭 확인할 것은 주기도문 속에도 하나님 사랑(하나님을 하나님으로 인정함과 아버지로 인정, 존경하며 완전 통치자로 섬김, 소원 등)과 이웃 사랑(서로 빚탕감, 죄용서 등), 즉 최고의 법을 언급했다는 것이다.

D′ D에서 구제의 바른 태도를 언급하며 온전한 하나님 백성이 되려면 외식적 구제는 결코 해선 안 된다고 하시고 D와 대칭되는 D′에서는 온전한 하나님의 백성이 되려면 외식적 금식도 안 된다고 즉 사람에게 보이려고 슬픈 기색을 하며 금식을 많이 해서 몸이 허약해진 것처럼 보이려 말고 금식 때는 오히려 얼굴도 씻고 기름도 바르며 은혜 속에 화사한 모습으로 하라고 하셨다. 은밀한 중에 하나님은 중심을 살피시고 계심을 인식해야 한다.

C′ C에 대칭되는 C′에는 온전케 하신 새 계명의 강론을 결론적으로 더 하셨다. 첫째는 재물에 대한 바른 태도와 재물과 신앙 사이의 우선순위 문제를 다루셨고, 두 번째는 의식주 염려를 하지 말 것과 염려하지 말아야 할 이유를 언급하시고(6:26-32) 성도의 우선순위는 먼저 그의 나라와 그의 의를 구하는 것이라 하셨다(6:33).

세 번째는 비판하지 말고 네 자신을 먼저 보라고 하신 후 그래도 영적 분별력은 가질 것을 촉구하셨다(7:1-6). 네 번째로 "구하라" 하셨다. 하나님의 사랑 표현이시다. 좋은 것 구해보라는 것이다. 또한 이것은 하나님의 우리를 향한 답답하고 속상하신 마음의 표현도 된다. 하나님을 "아버지로 믿는다면 왜 좋은 것 달라고 안 하느냐?" 하는 꾸중이시다(7:7-11). 그러면 좋은 게 무엇일까? 돈, 명예, 건강, 세상 복이 아니다. 같은 내용을 다룬 누가복음 11:13에 정답이 있다. 성령이시다. 완전한 새 계명으로 이끌어 주실 분이 우리에게 꼭 필요하다는 것이다. "그런데 왜 달라고 안 하느냐 날 무시하냐? 너희가 이렇게 날 대접하냐? 너희가 날 대접해야 나도 더 많이 너희를 대접할 것 아니냐?" 그래서 7:12이 나온다. 이 구절을 남에게 대접 받으려면 먼저 대접해야 한다는 별도의 독립구절로 이해하는 분들이 "황금률"이라는 좋은 별명까지 붙였다. 아니다.

"그러므로(οὖν)"는 접속사다. 즉 앞의 말씀들과 연관된 내용이라는 것이다. "따라서, 결국"이라는 뜻도 된다. 그 뒤에는 이렇게 하는 것 즉 내가 대접받을 만큼 대접하는 것, 내가 사랑받고 싶은 만큼 사랑하는 것이 율법이요 선지자다. 구약 계명의 골자라는 것이다. 예수님은 어느 계명이 가장 크냐는 율법사의 질문에 답하실 때도 하나님 사랑과 이웃 사랑이 온 율법과 선지자의 강령이라고 하셨다(마 22:35-40). 대접하는 것이 사랑이고 사랑하면 최고의 것을 주고 싶은 것이다. 예수님이 우리를 사랑해서 목숨까지 주셨는데 우리는 무엇을 드려야 하며 어떤 대접을 해야 할까? 공동번역 성경은 "그러므로"를 지워 버렸다. 원문에 있는데도 단독구절로 만들어야 접대 잘 하는 것이 인간관계에서 최고라고 주장할 수 있기 때문이다. 그러나 지금까지 온전한 새 계명을 강론하시다가 갑자기 서로간의 친교를, 선행을 삽입시켜 강론하시겠는가?

B′ B와 대칭되는 B′에는 천국 백성 된 자의 실천적 삶을 요구하신다. B에서 성품과 가치기준을 제시했다면 실제로 어떻게 살아야 천국 백성답느냐는 것이다.

① 생명의 문은 좁아서 들어가기 힘든데 반대로 멸망의 문은 크고 길이 넓어 많은 사람이 들어간다는 것이다.

② 어느 세대나 거짓 선지자가 많아서 유혹받아 따르게 되는데 이들에게 속지 않으려면 영적 분별력이 있어야 한다는 것이다. 겉으로 보면 구별이 어렵지만 그들의 열매를 보면 알 수 있다는 것이다. 거짓 선지자들은 자기에게 이익되도록 거짓 가르침을 주어 하나님으로부터 멀어지다가 결국 사망으로 빠지게 만든다. 그러므로 하나님의 진의를 잘 알고 아버지의 뜻대로 행하는 자가 천국에 들어간다는 결론이다(7:21).

A′ 는 A와 대칭되어 산상수훈의 결론적 말씀인 "아는 대로 살아야 천국 간다"고 하시고 말씀을 끝냈다고 했다. 그랬더니 말씀을 다 듣고 난 무리들이 기이하게 여겼다. 내용에도 놀랐고 지금까

지 알지 못한 권위가 있었기 때문에 모든 청중이 놀랐다는 것이다.

E 이제 산에서 내려 오셨다. 그런데 많은 무리가 따랐다. 왜? 가르침에 놀랐으니까! 산에서 내려오심은 다음 사역을 펼치시기 위해서다. 즉 한 단락이 끝나고 다음 단락이 시작된다는 뜻이다. 치유 사역을 위해 현장으로 옮기는 장소 변경으로 문단이 바뀐다.

2) 마 9:1-8 중풍병자 치유

1	P	공간적 배경
2a	A	중풍병자가 나아옴
2b	B	중풍병자의 죄를 사하심
3-6a	M	예수와 서기관 사이의 갈등
6b	B´	중풍병자를 치유하심
7	A´	중풍병자가 돌아감
8	E	무리의 반응

P 치밀한 구성인 교차대구 구조일 뿐 아니라 치유이적이 주제가 아니라 예수에게 사죄의 권세가 있음을 선포하는 것임을 알 수 있다. 이 사건이 초기 갈릴리 사역의 중요거점 가버나움에서 일어난 일임을 밝힌다.

A 막 2:1-12나 눅 5:17-26에는 청중이 많아서 중풍병자 진입이 어려웠다며 상세히 기록했으나 마태의 관심은 병자 치유가 아니라 죄 사함의 권세가 예수님께 있음을 기록한 M에 집중시키려 했기 때문에 환자의 등장 내용이 간단하다.

B 는 "안심하라 네 죄 사함을 받았느니라" 선언하셨다. 하나님 만이 갖고 계시는 죄 사함의 권세를 예수님이 가지셨다는 것은 자신이 하나님이라는 엄청난 선포다. 이는 바리새인과 서기관들에 대한 선전포고였다.

M 드디어 서기관과 언쟁한다. 예수님을 신성모독한 참람죄인으로 봤다(막 2:7). 거침없으신 예수님의 사역은 육체 질병에 대한 치유와 영적 죄 사함과 가정으로 돌아가는 사회적 관계회복까지 한 번에 완료시켰다.

B′ 는 B와 대응시킨다. 인간 고난의 근본적 원인이 죄이고 그리스도를 통한 사죄만이 모든 문제 해결의 열쇠가 됨을 보여준다.

A′ 에는 중풍병자의 퇴장 내용이 기록되어 있다. 자신이 누웠던 침상을 들고 집으로 갔다. 주 앞에 나오는 자는 누구나, 언제나 자신의 문제를 해결받는다는 것이다. 중풍병자가 완전 치유됨은 예수님의 말씀이 진실임을 외형적으로 입증해준 것이다.

E 에는 이 사건을 목격한 무리들의 반응이 기록되어 있다. 무리들의 반응은 이 사건이 실제적이었고 사람들의 마음에 충격까지 끼쳤던 일임을 재확인하고 종결했다.

3) 마 17:1-8 변화산 변형사건

1	P 서언	
2,3		A 예수의 변모
4		B 베드로의 청원
5	M 하나님의 음성	
6		B′ 제자들의 반응
7		A′ 예수님의 말씀
8	E 결언	

오늘 본문은 성육신, 십자가 수난, 부활, 승천과 함께 예수님 생애의 5대 사건이라 불릴 만큼 중요한 사건이다. 본문 앞에서 예수님의 수난에 대한 1차 예고를 듣고 혼란과 불안에 사로잡힌 제자들에게 고난받고 죽는다 해도 결국은 다시 부활 승천하여 영원한 승리자가 될 것을 예시하여 용기와 위로를 주기 위한 사건이었다. 수난예고→변화산 사건의 구조는, 십자가 처형→부활이라는 구조와 평행을 이루며 예수의 죽음은 패배로 끝나는 비극이 아님을 사전에 확정하신 것이다.

P 서언은 사건 발생의 시간, 장소, 등장인물을 밝혀 꾸며낸 가

공의 이야기가 아님을 명백히 한다.

A 예수께서 변형하신 상태에 대한 묘사와 더불어 구약의 율법과 예언을 대표하는 모세와 엘리야가 출현하여 예수님과 대화한 사실만 수록하고 있다. 압축된 회화적 표현으로 깊은 감동을 전달한다.

B 예수님의 변형사건을 황홀경으로 본 베드로는 인간적 얄팍한 생각으로 그곳에 머물자고 했는데 이것은 본질과 정면으로 대치된다. 이것이 인간의 한계다. 자기들만의 기쁨에 안주하려는 유치한 수준이다.

M에는 하나님의 음성이 나온다. 원래 교차대구 구조에는 그 가운데에 가장 중요한 메시지를 배치한다. 하나님은 먼저 예수께서 바로 하나님의 아들이라고 선언하시고 예수님 말씀을 순종하라고 촉구하셨다.

B′에는 하나님의 말씀을 들은 제자들의 반응이 나와 있다. 영적 깨달음이 부족하여 인간적 생각을 앞세웠던 것을 생각하고 하나님의 말씀 앞에 더 큰 두려움을 갖게 된다.

A´ 에는 제자들에게 손을 대시며 "두려워 말고 일어나라"는 예수님 말씀이 나온다. 제자들이 자기 말의 의미조차 잘 몰라도 여전히 제자들을 위로하고 사랑을 베푸셨다. 손까지 대시면서.

E 는 모든 신비로운 상황이 끝나고 P와 마찬가지 현실로 돌아왔음을 묘사하고 있다. 제자들은 예수님이 하나님으로서의 신적 영광을 지니셨음을 확인했고 이를 인정하시는 하나님의 음성도 들었다. 또 "너희는 저의 말을 들으라"는 명령도 받았다. "예수 외에는 아무도 보이지 아니하더라"는 묘사로 끝나는 것은 제자의 삶이 오직 예수님만을 바라보는 삶이어야 한다는 여운을 남기기에 충분하다.

4) 마 27:57-28:20 예수님의 장례, 부활, 명령

27:57-61	**A**	예수의 장례
27:62-66	**B**	파수꾼들의 경비
28:1-10	**M**	예수의 부활
28:11-15	**B′**	파수꾼들의 거짓말 유포
28:16-20	**A′**	예수의 지상 명령

예수님의 십자가 죽음과 부활은 그 자체로도 전무후무한 대사건이다. 그런데다가 성자 하나님이 성부 하나님의 버림을 받아 죽으셨다는 것도 믿기 어려운 일이거니와 완전한 인간이었던 예수님께서 죽은 후 다시 살아나셨다는 것은 정말 믿기 어려운 충격적인 사건이다. 마태는 이 사건들을 단순화시켜 유대인들이 즐겨 사용하던 교차대구 구조로 기술한 것은 1세기말의 유대교 출신 기독교인들에게 강조하여 전달하고 싶었던 나름의 고유한 메시지가 있었기 때문이다.

A에는 예수님의 장례 장면이 간략하게 다섯 절로 묘사되어 있다. 이 사건의 병행 기록인 요한복음에는 열두 절에 걸쳐 상세히 기록되었다(요 19:31-42). 마가복음에도 빌라도는 예수가 벌써 죽었다

는 것을 이상히 여겨 백부장에게 확인시킨 내용 등이 나오며(막 15:44) 누가복음에도 갈릴리에서 온 여자들이 향품과 유향을 준비했다는(눅 23:55, 56) 등의 마태복음에는 없는 내용들이 나온다. 마태는 이미 기정사실화된 사건보다 예수 부활의 확실성을 보다 상대적으로 돋보이게 하려 했다.

B 에는 대제사장과 바리새인들의 제의로 예수의 무덤을 인봉하고 파수꾼들에게 굳게 지키게 한 내용이 나온다. 이는 오직 마태만이 기록한 내용이다. 많은 내용들은 생략하면서 굳이 이를 기록한 것은 무덤을 인봉하고 파수꾼이 지키게 했어도 예수는 부활하사 무덤에서 나오셨다는 사실을 통하여 부활의 확실성을 역설적으로 증명하며 강조하기 위함이었다. 물론 유대 지도자들이 예수를 두려워했음도 노출시키고 유대인 사회 일각의 의심과 오해를 불식시키기 위한 의도였다.

M 마태가 예수 부활을 가장 강조하려고 교차대구 구조의 중앙 (M)에 배치했는데도 기록은 천사가 예수 부활 소식을 무덤에 온 여인들에게 알려준 사건과(28:1-7) 부활하신 예수께서 여인들에게 나타나신 사건(28:8-10)만 기록했다. 막 16:1-11, 눅 24:1-12, 요 20:1-18을 대조해 보면 마태는 많은 사건을 생략했다. 그 이유는 예수 부활의 확실성 때문이다. 유대인에게 "2(two)"가 필수불가결한 최소한의 증인 숫자이기 때문이다. 두 번 나타난 것으로도 확실함이 간단

히 증명되기 때문이다. 생략의 또 한가지 이유는 A′에 나오는 바 예수의 지상명령에 대한 복선의 역할을 하는 것이다. 부활하신 예수와 제자들이 갈릴리에서 만나야 한다는 언급이 두 번(28:7, 10)이나 나온다. M은 예수 부활의 확실성과 갈릴리에서 일어날 그 어떤 일에 독자들의 새로운 주의를 촉구하기 위해 다른 여러 사건은 생략하고 두 사건만 기록했던 것이다.

B′ B와 대응되는 위치에 있는 B′에는 파수꾼들이 천사의 출현과 부활로 인한 시신 증발이라는 비상상황을 유대종교 지도자들에 알렸고 이들은 파수꾼들을 매수하여 예수 시체를 제자들이 도적질해 갔다고 유언비어를 퍼뜨리게 했다는 내용이 나온다. B와 마찬가지로 마태복음에만 나오는 기록이다. 주로 유대사회에 퍼져있던 시체 도난의 허구성을 드러내려 한 것이다.

A′에는 예수께서 승천하시기 전에 남기신 지상명령이 나온다. A에서 예수께서 죽어 장례되었으나 사망권세를 이기고 부활하신 최종적 목적이 A′에 나오는 모든 족속을 제자로 삼기 위한 것이었음을 보여준다. 그러나 이 일은 예수께서 친히 행하시는 게 아니라 예수의 죽음과 부활을 목격한 예수의 제자들을 통해 하시게 된다. 마태가 승리자 예수의 승천기사까지 생략한 것은 바로 세상 만민에게 복음을 전파하고 가르치고 감독하라는 이러한 예수의 선포 명령이야말로 예수

의 제자 된 성도들이 가슴에 깊이 새겨야 할 가장 중요한 교훈임을 강조하기 위함이었다. 예수의 제자 된 자들의 바람직한 미래의 삶을 제시하는 데 더 큰 목적이 있었다는 것이다.

마태복음서의 종결부로서 비교적 넓은 범위의 이 교차대구 구조의 본문은 구조분석이라는 관점에서 이해하지 않으면 그 본질이나 진의에 접근하기 어려운 성경본문의 대표적 실례 중 하나이다.

5) 막 13:1-3 예루살렘 성전 파괴에 대한 예수님의 예언과 제자들의 질문

1a	A 예수께서 성전에서 나가실 때에 제자 중 하나가
1b	B 선생님이여 보소서 이 돌들이 어떠하며
1c	C 이 건물들이 어떠하니이까
2a	M 보느냐
2b	C′ 네가 이 큰 건물들을
2c	B′ 돌 하나도 돌 위에 남지 않고 다 무너뜨려지리라
3	A′ 예수께서.. 성전을 마주대하여 앉으셨을 때에 베드로... 안드레가

마가복음 13장은 AD 70년 로마 군대에 의한 예루살렘 함락 및 성전 파괴와 더불어 이 세상 종말에 되어질 일들에 대한 예언 및 이에 대한 성도의 자세를 하나의 예언 안에 복합적으로 교훈하는 매우 오묘하고도 충격적인 내용을 담고 있다.

예수께서 성전을 나가실 때 성전의 장엄한 외양을 보고 한 제자가 예수께 성전에 대한 소감을 물었다. 이에 예수께서 성전 파괴를 예언하셨다. 예수께서 감람산에 계실 때 제자들이 다시 나와 성전 파괴 예언이 언제 이루어지며 예언이 이루어지기 전에 어떤 징조가 있을 것인지 물었다. 이에 예수께서 5절 이하에 예언과 교훈의 내용을 전하신다. 여기 1-3절은 교차대구 구조로 되어있고 내용도 매우 중요한 상징성을 지니고 있다.

A 에는 1차 등장인물과 시간적 배경이 나온다. 그런데 등장인물을 그림자처럼 흐리게 처리하는 실루엣기법이 사용되었다. 개역 성경은 "예수께서"라는 단어를 서두에 기록하여 매우 강조하는 듯 하지만 원문으로 보면 전혀 다르다. 이는 세 번째 단어이며 고유명사가 아닌 αὐτοῦ(그를)란 인칭대명사가 사용되었다. 제자의 이름도 "제자 중 하나"라는 익명으로 처리되었다. 이렇게 실루엣 기법으로 처리한 것은 다른 강조점이 있기 때문인데, 그것은 바로 "성전에서 나간다"란 행동이다. 저자 마가는 마지막으로 성전을 떠나시는 예수의 행동을 강조함으로써 이제 예수와 예루살렘 성전이 더 이상 아무 관계도 없음을 의도적으로 부각시키고 있는 것이다.

A′ 에는 2차 등장인물이 나오는데 A에서처럼 누군지 가늠하기 어려운 표현이 아니라 4명의 제자 이름이 정확히 기록되어 있다. 이 중에 베드로, 요한, 야고보는 특별한 일이 있을 때 예수와 더불어 자주 자리를 같이했던 예수의 대표적 제자들인데 안드레가 덧붙여지고 있다. 왜 4명인가? 유대인은 "2"를 증인 숫자로, 증인 숫자가 두 번 겹치는 "4"는 이 일이 너무나 분명하게 수난주간 중 있었던 역사적 사실임을 보여주는 동시에 감람산 강화의 내용에 대하여 제자들

이 확실한 증인이 되고 있음을 강조하기 위함이라 할 수 있다. A´에서도 A와 마찬가지로 한글개역 성경에 "예수께서"로 번역된 단어는 실제로 고유명사가 아니라 αύτοῦ란 인칭대명사이다. 이는 예수까지도 실루엣으로 처리하면서 증인이 되어야 할 4명의 제자를 부각시키고 있음을 보여준다. 본격적 감람산 강화의 내용이 시작되는 5절에서 예수라는 고유명사가 명시적으로 사용됨으로써 예수만이 선명하게 전면에 등장하게 되는 것과 대조된다. 무대의 막이 오르며 조명이 주인공에게 집중되는 효과가 창출되는 것이다. A´는 모두 성전에 대한 예수의 부정적 태도를 보여줌으로써 이제 구약 성전의 시대는 지나가고 성전의 실체로 오신 신약의 예수 그리스도께서 부각되는 시점이 이르렀음을 암시한다.

B 와 C 에서는 그 제자가 장엄한 성전 건물로 관심을 유도하며 예수의 소감을 묻는 질문이 나온다. 재료는 돌인데 수많은 돌들을 하나씩 쌓아올려 이처럼 장엄한 성전 건물을 만들었다는 뉘앙스를 전한다. 그러나 C´ 와 B´ 에서 예수께서는 이와 역순으로 건물을 먼저 언급하고 "돌"을 단수로 두 번 언급한다. 이는 한 순간 건물들이 무너지되 철저하게 파괴될 것을 대조적으로 부각시키기 위한 문학적 장치다.

M 에는 "보느냐"란 단 한마디의 단어가 나온다. 원어성경엔 이

단어가 C′ 보다 앞서는 위치 즉 예수의 대답 가운데 가장 첫 번째 말씀으로 나온다. B에서 한 제자가 사용한 "보소서"에 해당하는 이데 (ἴδε)와 M 에서 예수님이 사용하신 "보느냐"(βλέπεις)라는 단어는 다르다. 이 문단의 주제는 "보느냐"이다. 제일 중요하니까 중앙에 배치한 것이다.

"이데"는 단순히 사람들의 주의를 끌기 위한 단어인 반면 "브레페이스"는 "보라, 조심하라, 삼가라, 주의하라" 등의 다양한 뜻이 있다. 앞만 아니라 뒤도, 지금만 아니라 훗날도 보라는 것이다. 당시 제자들이 보고 있던 것은 성전의 외형적 아름다움이었으나 사실 진정 주의를 기울여 보아야 할 것은 그 성전에서 자행되는 온갖 불의와 불법이며 장차 이 성전에 닥치게 될 비극적 운명과 이와 병행되어 주어지는 인류 종말의 날에 되어질 일들에 대한 예언과 이에 대한 성도의 자세임을 강조하시고자 하는 예수님의 의도가 담겨 있다.

겉보다 속을, 지금보다 내일과 수년 후까지를, 인간적 기준보다 하나님의 기준으로 볼 수 있는 안목을 가져야 한다. 따라서 하나님 말씀의 잣대로 평가하는 영적 안목으로 구별하며 십자가의 길을 끝내 따르는 제자들이 필요하다는 요청을 지금 받고 있으니 감사하며 "네 봅니다, 네 또 봅니다, 네 다시 봅니다, 네 깊이 봅니다." 간증하며 나가야 되겠다.

6) 눅 1:68-79 사가랴의 찬가

68	A 하나님의 돌아보심
69	B 구원의 뿔을 일으키심
70	C 선지자의 예언을 이루심
71	D 원수로부터 구원하심
72, 73	M 언약을 기억하심
74, 75	D' 원수의 손에서 건지심
76	C' 선지자라 일컬음을 받음
77	B' 구원을 알게 함
78, 79	A' 평강의 길로 인도하심

침례(세례) 요한이 태어난 후 10개월 동안 벙어리가 된 상태에서 풀려난 그의 부친 사가랴가 성령에 충만하여 부른 찬양인 소위 "사가랴의 찬가"이다. 이 찬가는 인류가 그토록 대망하던 메시야를 보내주신 데 대한 감사가 주된 내용을 이루고 있다. 사가랴의 찬양은 늙어서 아들을 얻은 데 대한 인간적 기쁨에서 나온 찬양의 수준에 그치는 것이 아니라 구속사의 새롭게 동터오는 여명을 바라보는 성숙한 역사적 안목에서 우러나온 감격의 찬양임을 보여준다. 또 이 찬양은 일생동안 주를 위하여 봉사해온 제사장의 신분에 걸맞게 다

양한 구약 예언에 대한 깊은 이해와 믿음을 폭 넓게 반영하고 있는 중후한 노래이다. 특히 이 찬가는 그 기본내용 전개에 있어서는 물론 핵심단어까지 대응 부분과 역순으로 일치시키는 유대인의 대표적 문장구조인 교차대구 구조로 이루어져 있으며 ABCD보다 대응을 이루는 후반부 A′B′C′D′의 내용이 훨씬 구체적이며 진전된 내용을 담고있는 점층법적 요소까지 가미된 매우 아름답고 정교한 시다.

A 하나님을 찬양하는 이유를 두 가지로 제시하는데, ① 그 백성을 돌아보신 것이고, ② 백성을 속량하신 것이다. A와 대응위치에 있는 A′ 에서는 A에 나오는 찬양의 이유를 더 자세하게 언급한다. 하나님의 돌아보심이(A) 돋는 해로 비유된 메시야의 임하심으로 (A′) 보다 구체화 된 것이다. 메시야 도래로 인하여 시작되는 평강의 새 시대를 영적 눈으로 조망하며 그 감격을 선언적으로 묘사하고 있다.

B 는 A에 나오는 바 하나님께서 그 백성을 돌아보사 속량하시는 구체적 방법으로 구원의 뿔을 다윗의 집에 일으켰음을 노래한다.

B′ 는 메시야에 대한 직접적 예언이 아니라 메시야의 길을 예비하기 위하여 보냄받은 선구자 침례(세례) 요한의 사역에 대한 예언

이다. 요한이 세상에 미리 알릴 메시야의 사역에 초점이 맞추어져 있다. "죄 사함으로 말미암는 구원"으로 묘사됐다. 여기서 핵심단어는 구원이며, 이 단어는 대응되는 B에서도 동일하게 발견된다.

C 는 메시야께서 예고없이 어느 날 갑자기 출현하신 것이 아니라 선지자의 입으로 말씀하신 바를 이루시며 등장하시는 것임을 밝힌다. 제사장으로서 구약성경에 해박하였던 사가랴는 메시야 탄생이 이미 구약성경에 무수히 예언되어 온 바임을 밝힘으로써 메시야 예수 탄생의 역사적 정통성과 하나님의 신실하심을 가리키며 노래하고 있다.

C′ 역시 B′ 와 마찬가지로 형식상으로는 침례 요한에 대한 예언이다. 요한이 주 앞에 앞서가서 그 길을 예비할 것이라 한다.

D 는 메시야께서 이 세상에 오사 행하신 사역을 간략하게 언급하며 찬양하고 있다. "원수로부터의 구원"이란 노래로 요약된다.

D′ 에는 D와 동일하게 메시야의 사역을 밝히되 "종신토록…섬기게 하리라"는 보다 적극적 측면까지 밝힌다. 즉 오실 메시야는 택한 자들을 원수의 손에서 건져내는 것뿐 아니라 이제는 하나님을 섬기는 하나님의 자녀로서의 신분을 회복시켜 주신다는 것이다.

M 은 메시야의 등장과 사역이 모두 아브라함으로 대표되는 이스라엘의 조상들과 맺으신 언약에 근거하고 있음을 선언하고 있다. '언약,' '기억하였으나,' '맹세' 등의 단어를 거듭 사용하여 하나님의 신실성을 집중 강조하고 있는 점에 주목해야 한다. 찬가의 중심부에 메시야 예수의 도래를 통한 구원의 역사성과 그 이면에 담긴 하나님의 신실성과 은혜 감격, 언약의 기억과 성취를 노래함으로써 감사 감격으로 응축시켜 표현한 것이다.

7) 눅 4:31-37 회당에서의 가르침과 축사 사건

31	P (서언)
32	A 사람들의 반응
33	B 귀신들린 사람의 등장
34a	C 예수께 대한 귀신의 저항
34b	M 예수의 정체에 대한 귀신의 증언
35a	C′ 귀신에 대한 예수의 책망
35b	B′ 귀신의 축출
36	A′ 사람들의 반응
37	E (결언)

눅 4:31-37에는 가버나움 회당에서 어느 안식일에 있었던 예수님의 설교와 축사 이적이 기록되어 있다.

P 에는 이 사건이 일어난 장소와 시간이 밝혀져 있다. 분명한 역사적 사건임을 보여주기 위한 배려이다. 예수에 대한 나사렛 사람들의 냉대와 배척이 새 장소와 시간에서는 새로운 사건이 전개될 것을 시사하기 위함이다.

A 에는 가버나움 지역의 유대종교문화의 중심지였던 회당에서의 예수의 가르치심에 대한 가버나움 사람들의 반응이 기록되어 있다. 반응은 놀라는 것이었고 놀람의 이유는 말씀의 권위이며 또 예수의 신적 권위였다.

A´ 에 나오는 귀신 축출 사건에 대한 사람들의 반응에서도 "권세"란 용어가 다시 등장하여 예수께서 지니신 신적 권세를 강조하고 있다. 예수님에 대한 사람들의 반응을 기록하고 있다는 점에서 A와 공통점을 갖는다. 물론 "말씀"이란 용어도 함께 등장한다. 누가는 같은 문장에서 말씀과 권세를 거듭 사용해서 예수님의 말씀이 곧 신적 권세를 지녔음을 보여준다.

B 에는 귀신들린 사람이 등장한다. 원문에 의하면 이 사람이 회당에 머물고 있었던 자라는 것이다. 이는 유대종교 지도자들이 무능했기에 제지할 수 없었다는 뜻이고, 주께서 고쳐주신 것은 예수 자신과 복음의 생명력과 진정성의 증거가 되기 때문이다.

B´ 에서는 그 사람에게 붙어있던 귀신이 축출된다. 그것도 순간적으로 말이다. 이것은 예수님에 의하여 우리를 한시적으로 괴롭히던 각종 죄의 권세가 예수님에 의하여 단번에 즉시 축출될 것을 보여주는 실례가 아닐 수 없다.

C 에는 예수에 대한 귀신의 저항이 나온다. 자신들을 간섭하지 말고 그대로 버려두고 떠나시라는 의미다. 예수로서는 도저히 수용할 수 없는 요구였다.

C´ 에 귀신에 대한 예수의 책망이 나온다. "잠잠히 하라" 명하심으로 말할 기회 자체를 박탈하셨다. 토론, 타협의 대상이 아니고 적대하고 궤멸시켜야 할 대상일 뿐이라는 것이다.

M 에는 예수의 정체에 대한 귀신의 고백이 나온다. "하나님의 거룩한 자"이다. 인간보다 상당한 수준의 지적 능력과 영적 분별력을 가지고 있던 귀신은 한눈에 예수께서 제2위 하나님이신 거룩한 분이라는 사실을 알았던 것이다. 교차대구 구조에선 언제나 그 중앙(M)에 가장 중요한 내용을 배치한다. 예수의 안식일 설교와 귀신 축출 사건을 통하여 가장 부각시키고자 하였던 내용은 바로 인자이신 예수가 하나님의 거룩한 자라는 사실이었다.

E 에는 예수의 소문이 그 근처 사방에 퍼졌다는 내용이 기록되어 있다. 소문은 예수께서 오랫동안 고생한 귀신들린 자에게서 귀신을 내쫓았다는 지당한 사실이지만 그 소문마저 본질이 바로 예수께서 하나님의 거룩한 자라는 사실로 마음속 깊이 새겨진다는 것이다.

8) 눅 13:10-17 곱추여인 치유와
세 번째 안식일 논쟁

10, 11   A   상황 설정

12, 13   B   예수의 치유

14   M   회당장의 반발

15, 16   B´   예수의 교훈

17   A´   상황 종료

대부분의 복음서 기자들은 이적을 기록할 때 문맥에 따라 저자가 전달하려는 바를 요소만 추려서 절제된 기록만 한다는 공통점이 있다. 본문은 저자가 문장을 위 도표처럼 의도적으로 배열했다.

A 에는 예수께서 치유 이적을 행하신 상황이 설정되어 있다. 시간과 공간적 배경이 소개되고 치유의 대상이 등장한다. 치유 대상인 이 여인에 대한 기록은 비교적 상세히 나온다. 병의 심각성도 부각시켰다. 이는 예수 치유 이적 기사 기록의 전형적 스타일이다.

B 에는 예수의 치유 행위가 기록되어 있다. 본문의 경우 예수님은 요청에 의해서가 아니라 자발적으로 치유 이적을 행하셨다. 병마에 시달리는 인간을 불쌍히 여기시고 당신의 기쁘신 뜻에 의하여 자발적 치유의 이적을 행하셨다. 물론 예수의 치유 이적은 거의 모두가 어떤 도구나 수단을 사용하는 것이 아니라 오직 말씀의 능력만으로 고치시는 것이었고 그 결과는 즉시 드러났다. 신적 능력 소유자이신 예수 치유 이적의 특징이다.

M 에는 회당장의 반발이 기록되어 있다. 회당장은 놀라운 예수의 능력이나 치유된 여인의 기쁨은 도외시하고 단지 병 고치는 일이 안식일이므로 율법을 어겼다는 정죄의 시선만 무섭게 쏴댔다. 실로 예수께서는 "소경이 보며 앉은뱅이가 걸으며 문둥이가 깨끗함을 받으며(사 35:5-6) 죽은 자가 살아나며(눅 7:22)"에 부합하는 메시야로서의 치유 사역을 수행하신 것이다. 그러나 메시야 되심을 거부하는 일이 보편적인 때였다.

B' 에는 회당장과 치유 사역을 거부하는 자들을 향한 예수님의 책망과 교훈이 기록되어 있다. 영육간에 안식이 이루어져야 하는 안식일에 사탄에게 매여 고통당하는 병자를 자유케 하시는 이적이 당시의 구속, 수난 사역을 통해 진정 인간을 영원히 안식케 하실 메시야의 구원 사역과 긴밀하게 연관됨을 암시한다.

A' 에는 안식일에 귀신들려 곱추된 여인의 치유와 이로 인해 야기된 안식일 논쟁의 전체상황을 마감하는 결론적 내용이 기록되어 있다. 여기에는 고침받은 여인도, 반발하던 회당장도 모두 사라지고 책망 듣고 부끄러워하는 반대자들과 예수께서 하신 모든 영광스러운 일을 기뻐하는 일반 민중들만이 상호 대비적으로 등장한다. 예수의 이적과 교훈의 말씀에 대하여는 극단적인 두 가지 반응 및 결과가 존재함을 보여준다. 두 가지 반응이란 바로 거부와 수용이며, 그 각각의 결과는 부끄러움과 기쁨이다. 두 가지로 귀결될 수밖에 없음이 A' 에 선명히 드러난다.

9) 눅 16:13 불의한 청지기 비유를 통해 올바른 물질관 교훈

(한절 속에 교차대구법 사용례: A-A′ , B-B′ , C-C′ 의 관계 살펴보기)

A 집 하인이 두 주인을 섬길 수 없나니

  B 혹 이를 미워하고

    C 저를 사랑하거나

    C′ 혹 이를 중히 여기고

  B′ 저를 경히 여길 것임이니라

A′ 너희가 하나님과 재물을 겸하여 섬길 수 없느니라

눅 16:1-13에는 예수께서 불의한 청지기의 비유를 통하여 주신 올바른 물질관에 대한 교훈을 기록하고 있다. 1-8a절은 비유 자체이고, 8b-13절은 이 비유를 근거로 한 예수님의 결론적 교훈이다. 특히 9-13절은 그 내용 하나하나가 세상 것을 추구하려는 사람들에게 경각심을 주는 경구일 뿐 아니라 다양한 문학적 기교가 사용된 매우 세련된 글이다. 마지막 절인 16:13의 내용을 살펴보기 전에 16:9-

12에 구사된 문학적 기교를 간략히 살피면 다음과 같다.

9절은 고대 유대문헌에서는 물론 동서고금을 막론하고 기본적이고 단순 소박한 수사법으로 애용된, 서로 대구를 이루는 한 쌍의 표현으로 한 단위의 문장을 구성하는 가장 단순한 형태의 소위 쌍응대구법(Couplet) 형식을 지닌 경구(Epigram)이다(잠 24:13, 14). 즉 "불의의 재물로 친구를 사귀라"는 격언적 표현이 먼저 나온 후 이어서 "그리하면 없어질 때에 저희가 영원한 처소로 너희를 영접하리라"란 그 결과에 대한 해설적 설명이 나와 한 쌍을 이루고 있다. 여기서 전자는 일단 예수의 말씀을 듣던 사람과 본서의 독자에게 격언적 선언으로 깊은 인상을 남기게 하고, 후자는 이 선언의 의미를 다시 한 번 음미케 하며 마음속 깊이 간직하게 하는 효과를 지닌다.

10절은 소위 계단식 대구법(Stairlike Parallelism)이란 문학적 기교가 사용되고 있다.

A 지극히 작은 것에 충성된 자는
A′ 큰 것에도 충성되고
B 지극히 작은 것에 불의한 자는
B′ 큰 것에도 불의하니라

여기서 A, B의 내용은 A′, B′에서 더욱 확장된다. 뿐만 아니라 A,

A′와 B, B′는 결국 의미상으로는 동일 주제를 강조하면서도 표면적으로는 서로 대립되는 내용을 배치하여 듣는 사람과 독자들로 하여금 본 단락의 중심주제인 충성을, 보다 좁게는 작은 일에서부터의 충성을 이중적으로 거듭 강조하는 효과를 거두고 있다.

또한 11절과 12절은 평행대구 구조로 되어 있다.

11절   A 너희가 만일 불의한 재물에 충성하지 아니하면

       B 누가 참된 것으로 너희에게 맡기겠느냐

12절   A′ 너희가 만일 남의 것에 충성치 아니하면

       B′ 누가 너희의 것을 너희에게 주겠느냐

여기서 A와 A′는 B와 B′에 대하여 원인이 된다는 점에서 공통점을 지니고, 마찬가지로 B와 B′도 A와 A′에 대하여 결과가 된다는 점에서 공통점을 지닌다. 그리고 역설적 가정과(A, A′) 수사적 질문을 사용하여(B, B′) 하나님의 자녀는 불의를 버리고 충성에 힘써야 함을 10절에 이어 거듭 강조하고 있다.

이처럼 예수께서는 9, 10, 11, 12절에서 서로 유사하면서도 다소 다른 유형의 각종 대구적 기교를 사용하여 앞서 16:1-8a에서 주신 "불의한 청지기 비유"에서 얻을 수 있는 교훈을 다시 한 번 마음에 새기도록 유도하고 있다. 그러나 16:1-13 단락전체를 마감하는 13절에 와서는 보다 고도의 정교한 문학적 기교로서 당시 예수님의 말

씀을 들던 유대인들에게 있어서 익숙할 뿐만 아니라 강조하고자 하는 바를 매우 선명하게 부각시키는데 보다 효과적인 교차대구라는 문학적 기교를 사용하여 결론을 맺고 있다.

13절 원문구조분석 A 에는 "집 하인"이란 주어가 등장하는데, 비유에 나오는 청지기와 A′ 에 나오는 비유를 듣는 "너희" 그리고 본서를 읽는 모든 성도들까지 내포한다. 즉 모든 성도는 결국 하나님이라는 주인을 섬겨야 하는 "집 하인"이라는 점을 각성시킨다.

불의한 재물로 친구를 사귀며 한편으로 주인께 절대 충성해야 할 자가 다른 사람이 아니라 바로 우리 자신임을 깨닫게 한다. A′ 에서는 섬김의 대상이 하나님과 재물로 구체화 된다. 인간은 하나님과 동시에 다른 무엇을 섬길 수 없으므로 하나님만을 섬겨야 한다는 것을 A와 A′ 는 반복하여 강조하고 있다.

B 와 B′ 는 두 주인을 섬길 수 없다고 해서 한쪽을 섬기기로 정했다면 다른 쪽은 미워하고 경계해야 하며 적당한 간격을 두고 있으려 하면 오히려 자기가 지배당하게 될 수 있다고 경고한다.

M 과 같은 C 와 C′ 는 하나님에 대하여 성도가 어떤 태도를 지녀야 하는지를 잘 보여준다. 즉 사랑하며 중히 여기는 것이다. 하나님을 적극적으로 사랑하며 중히 여기는 것이 무엇보다 우선이어야 하는 가장 중요한 태도이다.

※ 불의한(ἀδικίας) 재물은 불법적 방법으로 벌어들이고 또 불의하

게 사용되는 재물이나 천국보화에 반대되는 개념으로서 가치중

립적인 세속적 재물을 뜻한다.

10) 눅 21:8-28 말세의 박해와
이에 대한 성도의 자세

8, 9　　P　미혹을 받지 않도록 주의하라
10　　　　A　인위적 재해
11　　　　　B　자연적 재해
12-19　　M　말세의 박해와 이에 대한 성도의 자세
20-24　　　B′ 인위적 재해
25, 26　　A′ 자연적 재해
27, 28　　E　소망을 가져라

본 문단은 예루살렘 성전 파괴에 대한 예수님의 예언을 듣고 그
날의 시기와 징조를 질문하니까 예수님은 성전 파괴뿐만 아니라
말세와 종말의 양상과 징조에 대해서도 함께 복합적으로 말씀한 것
이다.

P 예수님의 답변 제1성은 "미혹을 받지 않도록 주의하라"는 것
이었다. 예루살렘 멸망과 말세 및 종말에 관해서 많은 미혹이 있을
것이지만 악한 세력들의 궤계에 속지 않도록 하려함이다.

E 결언에서 나오는 "때"는 종말의 때를 의미하며 "인자가 구름 타고… 오는 것" "구속이 가까워 옴" 등과 연관지어 큰 소망을 갖게 한다. 그러므로 종말론적 소망을 소유해야 한다.

A 에는 민족과 나라 간의 분쟁이 예고되어 있다. B 에는 처처에 큰 지진과 기근과 온역 등 무서운 자연현상들과 천체의 대 이변이 발생할 것이 예언되었다. 자연재해가 더 큰 위협이다.

B′ 에는 예루살렘 멸망 예언 및 이에 대비하라는 권고가 기록되어 있다.

A′ 에는 자연적 재해를 예고하고 있지만 B에 비하여는 훨씬 더 공포스러운 상황이 묘사되어 있다. 그런 의미에서 A-B′, B-A′는 점층법이 사용되었다고 볼 수 있다.

M 에는 말세와 종말에 임하는 박해와 이에 대한 성도의 자세가 기록되어 있다. 말세에 임할 박해를 믿음과 인내로 이김으로써 제자들의 최종적 구원을 이루어야 한다는 것을 강조하는 것이다. 무엇보다 어려울 때 신앙을 지킨다는 것 그래서 결국 승리하는 것, 하나님 나라의 영광에 참여자가 되는 것이 예수님의 관심이며 목표였다.

11) 눅 22:40-46 예수님의 간절한
순종의 기도와 제자들에 기도 권면

40	**A** 제자들에 대한 예수의 기도 권면
41	**B** 기도를 시작하신 예수
42-44	**M** 예수의 기도
45	**B′** 기도를 마치신 예수
46	**A′** 제자들에 대한 예수의 기도 권면

인류 구속의 대업을 완성하시기 위해서 십자가 수난을 목전에 둔 마지막날 밤에 기도로서 이를 준비하신 그 유명한 예수님의 겟세마네 동산에서의 기도가 기록되어 있다. 인간의 모든 질고와 형벌을 일거에 제거하기 위해 하나님의 뜻에 철저히 순종하려는 제2의 아담되시는 예수님의 결단의 기도이며 인류역사상 가장 숭고한 기도이다.

A 에는 예수께서 기도 장소에 가시기 전에 제자들에게 권면하신 내용이 기록되어 있다. 누가의 주된 관심은 기도와 시험의 관계에 두었으므로 마태나 마가의 기록과는 다르다. 그래서 시험에 들

지 않게 기도하라는 권면을 강력히 제시한다.

A′ 에는 예수께서 기도를 마치시고 제자들에게 나아가 말씀하신 내용 즉 "어찌하여 자느냐 시험에 들지 않게 일어나 기도하라"는 권면을 기록하고 있다.

A 와 내용이 거이 일치한다.

B 와 이에 대응되는 B′ 는 각각 예수께서 제자들을 떠나 홀로한 곳에서 기도하신 것과 기도를 마치시고 다시 제자들에게 돌아오신 내용을 기록하고 있다. 원어성경으로 B와 B′에 각각 사용된 세 쌍의 상반된 동사 등을 보면 대응관계는 더욱 선명하게 드러난다. 개역성경에는 둘 다 "가서"로 번역되었으나 원어는 서로 반대말이다. B에선 "저희를 떠나가서"란 문맥에서, B′에서는 "제자들에게 가서"란 문맥에서 나온다. 전자는 "떼어 놓다" "떨어져 나가다"라는 뜻이 있는 ἀποσπάω이고 후자는 "돌아오다"라는 뜻의 ἔρχομαι이다. 기도를 위해 제자들과 분리되는 상황과 기도를 마치고 사역을 이루기 위해 제자들에게 다시 돌아오는 상황이 같은가? 또 "무릎을 꿇고"(B)와 "일어나"(B′) 또 "기도하여"(B)와 "잠든 것을 보시고"(B′)에서도 보여준다.

M 에서는 예수의 기도 내용과(42), 천사가 나타나 기도를 도운

사실(43), 예수의 간절한 기도의 모습(44)을 묘사하고 있다. 기도의 권면을 강조하는 본문이 말하고자 하는 내용은

① 바람직한 기도의 내용—하나님의 이름을 부르면서—아버지로— 깊은 사랑과 신뢰의 감정을 드러냄. 자신의 신념과 소명을 관철하기 위함이 아니고 하나님의 뜻 확인하고 실천할 능력을 얻기 위한 기도를 드렸다.

② 바람직한 기도의 자세—간절함과 애절함의 기도—강청하는 기도—끈기있는 기도였다. 예수의 제자들은 매순간, 마지막 순간까지 이런 기도를 드려야 한다는 것이다.

12) 눅 24:13-35 엠마오로 가던
제자들에게 나타나신 부활 예수

13, 14   A 예루살렘을 떠나 엠마오로 가는 두 제자

15-24   B 두 제자가 예수를 알아보지 못함

25   C 예수께서 선지자들의 말을 믿지 못함을 책망하심

26   M 예수께서 그리스도의 고난과 영광을 설파하심

27   C′ 예수께서 자신에 관한 성경의 예언을 설명하심

28-31   B′ 두 제자가 예수를 알아 봄

32-35   A′ 엠마오를 떠나 예루살렘으로 돌아간 두 제자

예수님의 갑작스러운 십자가 처형으로 절망과 슬픔에 싸인채 예루살렘을 떠나 엠마오로 가던 두 제자에게 부활하신 예수께서 나타나신 사건 기록인데 부활 예수의 현현 기사 중 제일 길고 문학적으로도 잘 구성된 이야기다. 문학가이며 역사가로서의 소양을 갖춘 누가 특유의 아름다운 문체로 세밀하고도 역동감있게 기록하고 있다. 예수의 수난과 부활이 갖는 신비한 의미와 부활하신 예수를 목격한 자가 마땅히 하여야 할 일이 무엇인지를 효과적으로 전달

한다.

A 에서는 이 이야기가 사실임을 보여주기 위해 등장인물과 지리적, 시간적 배경을 밝힌다. καὶ ἰδοὺ로 시작하여 이제부터 인간이 상상하기 어려운 놀라운 사건이 기록될 것임을 암시한다. "저희"는 예수와 교제를 나누었던 사람들, 동시에 부활소식을 들었으나 믿지 못했던 자들을 가리킨다. 장소는 예루살렘에서 25리 떨어진 엠마오로 가던 도상이고 그날은 안식 후 첫날이다. 이렇게 당시 본서를 읽는 독자들에게는 생생하게 기억하는 분명한 시간과 익숙한 공간적 배경 아래서 그들 모두가 잘 아는 사람에게 일어난 역사적 사건임을 밝히는 역할을 한다.

B 에서는 부활하신 예수께서 등장하여 두 사람과 대화하는 내용이 나온다. 대화 내용을 보면 두 사람은 겉으로 드러난 사건은 알고 있으나 사건이 지니고 있는 영적 의미에 대해서는 전혀 무지했음을 알 수 있다.

C 에서는 예수께서 두 사람이 영적으로 무지한 까닭을 밝힌다. 선지자들의 말을 더디믿어 영적으로 무지하게 됐다고 탄식했다. 영적 진리는 계시된 하나님의 말씀 속에 있는바 우리는 믿음으로 말씀을 계속 연구하고 묵상해야 영적 침체에서 벗어날 수 있다.

M 에서 예수께서는 두 사람이 영적으로 미련해서 깨닫지 못한 영적 진리를 직접적으로 가르쳐 준다. 즉 "그리스도가 이런 고난을 받고 자기의 영광에 들어가야 할 것"이다. 그리스도께서 당하신 고난 대속을 위한 수난으로서 꼭 필요한 과정이었다는 사실과 그래야 부활의 영광으로 완성된다는 선언이 엠마오 사건이 갖는 가장 중요한 메시지이다.

C′ 는 부활하신 예수께서 친히 모든 성경을 풀어 그리스도를 통하여 이루어져야 할 바를 자세히 해설하시는 내용이 나온다. C와 정확히 대응된다.

B′ 는 두 사람이 드디어 부활하신 예수님을 알아보았다는 사실을 기록하고 있다. 이렇게 하시려고 예수님은 친히 나타나셔서 대화하셨고 성경을 풀어주시고 식사까지 하셨다.

부활 예수님을 만나고 그 의미까지 알게 된 제자들은 아는데 머무는 것이 아니라 듣고 본 바를 전파해야 될 시점이 되었는데 이제 예수님은 이들을 떠나가셨다. 제자들은 더 이상 좌절과 슬픔의 사람들이 아니고 희망과 기쁨의 사람들이 되어 자기들의 충만한 확신과 기쁨과 진리를 세상에 전해야 했다는 것이다.

A′ 는 실망과 슬픔에 싸여 예루살렘을 떠났던 두 제자가 뜨거운

마음을 안고 예루살렘으로 한 걸음에 돌아가 예수 부활의 사실을 증거한 일이 기록되어 있다. 예수 부활은 이제 우리를 당신처럼 부활시켜 줄 구세주의 부활로서 인류 전 역사에 있어서는 물론 각 개인의 삶에 있어서도 절대절명의 사건이다. 이로써 A가 예수 부활을 의심하는 예수공동체의 해체를 보여준다면 A′는 예수 부활을 확신하는 예수공동체의 재건을 보여준다고 할 수 있다.

13) 요 1:45–51 나다나엘의 등장

45   A 빌립이 나다나엘에게 예수를 증거함

46   B 예수에 대한 나다나엘의 부정적 반응

47, 48   M 예수와 나다나엘 간의 대화

49   B′ 예수에 대한 나다나엘의 긍정적 반응

50, 51   A′ 예수께서 나다나엘에게 자신을 증명함

본 단락은 나다나엘이 예수님의 제자로 부름받아 변화되는 과정을 기록하고 있다.

A′ 에는 빌립이 나다나엘을 찾아가 자신이 예수를 만난 기쁜 소식을 전하는 내용이 소개된다. 예수를 이미 알고 있던 사람들에 의한 복음전파의 양상을 집중적으로 부각시킨다.

B 에는 나다나엘이 처음에는 부정적 반응을 보였던 사실과 더불어 빌립이 "와 보라"라고 강권적으로 초대한 사실이 나온다. 이처럼 일차적으로 부정적 반응을 보이는 것은 너무도 원대한 예수의

복음을 최초로 접한 자가 흔히 보일 수 있는 보편적인 반응이다. 그러나 복음전도자는 이에 좌절하지 않고 강권적으로라도 사람들을 예수께로 초대하는 적극적 자세를 가져야 한다. 전도자 빌립은 그 후에 등장하지 않고 사라졌다. 인도하는 과정까지만 책임지고 그 이후는 예수님께 맡기는 자세가 중요하기 때문이다.

M 에는 예수와 나다나엘과의 대화가 기록되어 있다. 이때 서로 진실한 인격적 교류가 이루어졌음을 알 수 있다. 그리스도를 따르는 자가 되기 위해서는 그리스도와 개인적이며 인격적인 만남이 필수적이다. 3년씩이나 예수님과 동고동락했던 가룟 유다가 끝내 예수를 배반한 것은 바로 이와 같은 인격적 만남이 없었기 때문이다. 그래서 교차대구 구조에서 가장 중요한 내용을 배치하는 M에 진실한 대화를 배치시켜 강조하고 있다.

B′ 에는 예수에 대한 나다나엘의 부정적 반응이 기록된 B와는 반대로 나다나엘의 극적으로 반전된 긍정적 반응이 기록되어 있다. 심지어 나다나엘은 놀라운 신앙고백(49절)까지 예수님께 하였다. B와 B′ 를 대조하면 예수를 인격적으로 만난 자들의 극적 변화와 그 결과를 감동적으로 전달 받게 된다.

A′ 는 예수께서 나다나엘에게 장래에 보다 영광스러운 일들을

보는 복을 받게 될 것을 예언하시는 내용이 나온다. "더 큰일을 보리라" 예수를 진심으로 영접하는 자는 역사상 유래가 없는 놀라운 일들을 경험하게 될 것이라는 약속의 말씀이다. 그리고 여기에서 "너희에게"란 2인칭 복수형이 사용되었다는 것은 이런 복이 나다나엘 개인에게 국한되는 것이 아님을 보여준다. 즉 B´와 같은 신앙고백을 함으로써 그리스도를 진심으로 영접하는 모든 자들에게까지 이 큰 복을 확대시키신 것이다.

14) 요 2:1-11 예수님의 신성을 입증하는 첫째 표적

1, 2   P 서언
3, 4   A 문제의 발생
5-8   M 순종
9, 10   A′ 문제의 해결
11   E 결언

본 단락에는 요한복음에 선별 기록된 예수님의 7 표적 가운데 첫 표적인 가나 혼인잔치에서 물로 포도주를 만드신 이적이 기록되어 있다. 이 표적은 예수님이 전능하신 하나님의 아들임을 입증하는 동시에 예수님으로 인하여 임하는 풍성한 구원의 기쁨이 상징적으로 압축되어 있다. 일곱째 표적인 나사로를 살리신 사건을 본 단락과 대비시킨 것도 뜻이 깊다.

P 서언에서 요한은 이 사건 발생의 때와 장소와 등장인물 등 전반적인 배경을 밝힌다. "날"을 밝힘은 이 사건들이 실제 사건임을

독자들이 실감하도록 배려한 것이다. 그러나 더 심오한 의미도 발견된다. 1:19-28, 29-34, 35-42, 43-51이 각각 하루에 일어난 일임을 지적하려고 "이튿날"이라 표현했고, 2:1에 "사흘째 되던 날"이라 했으니 1:19절을 기준하여 보면 "제7일"이 되는 날이다. 역사적 사건에 대한 언급이 시작되는 1:19로부터 시작하여 제7일째 되던 날에 첫 표적이 있었음을 의도적으로 제시한 것이다.

　태초의 천지창조 사역이 끝나고 하나님께서 기쁘게 안식하신 날을 연상시킨다. 이같은 제7일에 예수 그리스도의 첫 표적이 일어났음을 밝힘으로써 예수께서는 마치 물을 포도주로 변화시키는 것과 같은 새롭고 근본적인 변화를 일으키는 재창조에 의한 구원의 기쁨과 안식을 가져올 분으로 소개하고자 했다. 더불어 제3일은 초대교회 성도들에게 있어서 예수께서 십자가에 달려 죽으셨다가 부활하신 날을 가리키는 익숙한 표현이란 것도 작용함을 감지할 수 있다. 또한 등장인물도 많은데 예수 어머니 마리아는 문제를 발견하고 해결을 예수께 간구하면서(믿음으로 눅 1:38과 2:19에 근거함) 동시에 하인들에게 철저히 순종하도록 권고했고, 예수님은 문제에 처한 인간들을 위하여 놀라운 이적을 일으키신 분이고, 표적의 제일 목적이 예수님이 하나님 아들로서의 영광을 나타내고 제자들로 하여금 이에 대한 믿음을 갖게 하는 것이니 마리아와 예수님과 제자들이 중심인물이다.

A 에는 잔치집에 포도주가 떨어지는 난감한 문제가 발생했음이 기록되었다. 그런데도 "포도주가 모자란지라"란 단순표현으로 처리됐고, 예수님과 그 어머니의 대화가 사실상 중심을 이룬다. 가장 중요한 것은 "내 때가 아직"이라는 예수님 말씀이다. 내 때가 언젠가는 반드시 올 것이라는 의미를 내포하고 있고 내 때가 이르지 못했음에도 놀라운 표적을 베푼 것은 때가 이르면 더욱 완전한 표적이 보여질 것이라는 예고도 되는 것이다. 결국은 십자가 죽음 부활 승천을 통하여 이루어질 구원의 사건까지 예고하는 것이다.

M 에는 예수님의 명령과 하인들의 완전한 순종이 기록되어 있다. 말도 안되는 명령을 그대로 행한 하인들의 철저한 순종이 돋보이나 첫 표적의 중심주제는 예수님께서 하나님 아들로서의 권능을 나타냄으로써 합당한 영광을 받으셨고 인생에게 은혜와 기쁨을 주셨다는 것이다. 하인들은 완전한 순종을 통해서 예수님의 신적 영광과 풍성한 복에 동참하게 됨을 알고 모두 따라야 한다는 것이다.

A′ 에는 문제가 해결되었음을 기록하고 있다. 난처한 상황이 없어지는 정도가 아니라 이전보다 훨씬더 호전되는 것으로 나타났다. A′에 나오는 포도주는 양과 질 모두 놀라운 것이었다. 이는 예수님의 때가 이를 때 구원의 복이 얼마나 크고 놀라운 것인지를 상징한다.

E 에는 물이 포도주로 변하는 이적이 예수님이 진정한 하나님의 아들이심과 그의 구원사역의 결과 도래할 풍성한 기쁨을 보여주는 표적이었음을 밝히는 저자의 부연적 해설이 기록되어 있다. 결어의 중심내용은 "제자들이 그를 믿더라"이다. 제자들이 믿음을 가지게 되었음이 첫 표적의 최종결과였음을 강조하고 있는 것이다. 요한복음의 기록 목적(요 20:31)과도 조화를 이룬다.

15) 요 4:39-45 사마리아인들의 회심과 갈릴리 이동

39	A	사마리아 여인의 증거로 많은 사마리아인들이 예수 믿음
40, 41	B	사마리아인들의 청에 따라 예수께서 이틀을 머무심
42	M	사마리아인들의 신앙고백
43, 44	B′	갈릴리로 가시며 선지자가 고향에서 높임받지 못한다 하심
45	A′	갈릴리인들이 예수의 행하신 일로 인하여 예수를 영접함

제시된 본문은 유래가 드문 매우 독특한 성격의 교차대구 구조이다. 본 단락의 전반부인 요 4:39-42는 본래 예수의 사마리아 수가성 여인 회심 사건을 보도하는 요 4:1-42 문단의 말미로서 불쌍한 사마리아 여인을 회심시키는데 그치지 않고 많은 사마리아인들을 회심시키는 결과를 낳았음을 밝힌다. 한편 본 교차대구 구조의 후반부인 요 4:43-45는 예수께서 갈릴리 분봉왕의 신하의 아들을 치유하신 사건을 보도하는 요 4:43-54 문단의 초두로서 예수께서 사마리아를 떠나 다시 갈릴리로 귀향하신 사실과 돌아온 예수에 대한 갈릴리 사람들의 전반적 태도를 약술하고 있다. 요한 사도는 이렇게 기본

적으로 각각 서로 다른 문단의 말미와 초두를 다시 엮어 기본 문단 전개 도중에 중복문단을 설치한 것이다. 이는 사마리아 사역과 갈릴리 사역의 어느 한 측면을 대조시킴으로써 기본 문단의 내용이 전하는 메시지와는 다소 다른 메시지를 새로이 전달하기 위해서다.

A 는 수가성 우물가에서 예수와 대화를 나눈 여인의 증거로 인하여 많은 사마리아인들이 예수를 믿었다는 매우 고무적인 내용이 기록되어 있다. 예수를 만난 사람이 자신의 경험을 적극적으로 증거하였고 이로 인해 많은 사람들이 예수께 나올 수 있었던 것이다. 그러나 A에서 강조되고 있는 것은 많은 사람들이 믿었다는 결과적 사실이다. A의 주어는 그 사마리아 동네에 있었던 많은 사람들이며 그 사람들이 예수를 믿었다는 결과를 강조한다.

A´ 에 나오는 δεχομαι(영접)는 단순히 손님으로서 받아들인다는 의미일 뿐 A에 언급된 사마리아인들 같이 예수께 나왔고 믿었다는 적극적 영접이 아니고 갈릴리 사람들은 부정적 자세였다는 것이다.

B 에서는 A에 나오는 긍정적 상황이 더욱 확대된다. B에서도 A에 나오는 "믿는지라"와 완전 동일한 단어인 "에피스튜산"이란 부정과거형 동사를 사용하여 사마리아 사람들의 즉각적이고도 전폭

적인 믿음의 행동을 강조했다.

■ B′ 는 B와 대구관계에 있음을 밝힘으로써 갈릴리에서는 사마리아에서와 달리 예수에 대한 전폭적 믿음이 확산되지 않았던 사실을 더욱 선명하게 대비시키고자 하였던 것이다.

■ M 의 내용은 "첫째, 많은 사마리아인들이 예수를 절대적으로 믿었다는 사실과 두 번째는 예수는 과연 누구인가, 예수는 참으로 세상의 구주이시다"라는 것이다. 이것들이 요한이 가장 강조하고 싶었던 것이며 성도라면 마땅히 가져야 할 믿음과 그 믿음의 핵심 내용이다. 요한은 본 단락을 통하여 예수께서 세상의 구주라는 사실을 강조하되 A, B처럼 이를 믿음으로 수용하는 사람들이 있는 반면 A′B′처럼 거부하는 사람들도 있음을 굳이 기존 문단 사이에다가 교차대구 구조를 사용한 중복문단을 설치하여 선명한 대비를 통하여 밝히고자 했던 것이다.

예수를 친히 듣고 알게 된 사람들은 다 예수를 믿었다. 무엇보다 자신들의 구주로 믿었다. 요한은 이 같은 사실을 사마리아인들과 갈릴리인들의 대비를 통해서 제시함으로써 모든 독자들에게 예수에 대하여 친히 듣고 또 알아보고 구주로 믿을 것을 촉구하고 있는 것이다.

16) 요 9:1-41 날 때부터 소경된 자의 치유

1-7   A 소경에 대한 예수님의 원인진단 및 치료

8-12   B 치유받은 소경의 증거

13-17   C 치유받은 소경에 대한 바리새인들의 일차 심문과 그의 증거

18, 19   D 치유받은 소경의 부모에 대한 바리새인들의 질문

20, 21   M 치유받은 소경부모의 직접적 답변 회피

22, 23   D′ 부모의 회피적 대답의 이유에 대한 요한의 해설

24-34   C′ 치유받은 소경에 대한 바리새인들의 이차 심문과 그의 증거

35-38   B′ 치유받은 소경의 신앙고백

39-41   A′ 소경에 대한 예수님의 영적 교훈

요한복음에 기록된 7 표적 가운데 다른 것들의 경우 주체이신 예수님에게 Spotlight가 비추어지는데 반해, 본 단락, 여섯 번째 표적에서는 예수님이 부분적으로 등장하신다. 반면 치유의 대상인 소경은 첫 부분부터 마지막까지 일관되게 등장하여 중요한 역할을 수행

한다. 요한의 의도는 예수님이 우리 구원의 유일한 대안이라는 것을 주장하고 강조하는 것에 두지 않고 예수님과 접촉했던 사람들의 예수님에 대한 다양한 반응을 제시함으로써 예수님에 대한 가장 이상적인 자세가 어떤 것인지를 보다 우선적으로 제시하고자 하는 것이다.

바리새인들은 부정적이고 위협적이어서 자기들은 물론 불신앙인들이며 신앙을 가진 자들에게 집요한 박해를 했고, 이런 상황 속에 있던 일반인들은 예수님에 대한 자신의 신앙을 드러내지 못하는 상태였으며 소경의 부모같이 엉거주춤한 태도로 반신반의한 경우도 있으나 치유받은 소경은 믿음있는 용기로 진실을 고백하는 행동을 통해 참된 성도는 예수께 대하여 어떤 자세를 가져야 하는지 보여주려 한 것이다.

A 는 소경치유 이적이 일어난 배경을 밝힌다. 특이한 것은 제자들의 역할이 축소되었다는 것이다. 소경이 눈 멀게 된 원인이 자기 죄 때문인지 부모의 죄 때문인지 물었던 일로만 등장했을 뿐이다. 그리고 예수님의 행동까지도 간략하게 기술했다. 저자가 부각시키려 한 사람들은 표적에 대하여 각기 다른 반응을 보인 사람들, 소경, 이웃사람들, 바리새인들, 소경의 부모이었다. 그리고 본 이적의 지리적 배경으로 "실로암의 못"이 부각된다. 예수님은 실로암 못의 상징적 의미를 통하여 자신이야말로 영적 소경이 되어 진리의 빛을

보지 못하는 이 세상 사람들의 영안을 뜨게 하기 위하여 하나님으로부터 보냄 받으신 분임을 부각시키려 하신 것이다. 또한 예수님으로부터 보냄받은 소경 역시 보냄받은 자로서 명령에 충실히 순종해야 함을 암시한다.

B 에는 소경 주위에 있었던 사람들의 질문과 소경의 답변이 나온다. 이웃들은 치유받은 소경이 전에 구걸하던 그 사람인지 의아해하며 눈이 떠진 경위를 질문하는 내용과 이에 대한 소경의 답변이 나온 것이다. 소경이었던 사람은 자신이 알고 있는 것을 최대한 성실히 답변함으로써 예수님으로부터 보냄받은 자로서의 역할을 다했다.

C 에는 치유받은 소경에 대한 바리새인들의 1차 심문과 소경의 답변이 나온다. 유대사회의 엘리트였던 바리새인들이 안식일 계명 준수와 관련하여 치유자인 예수가 하나님께로부터 온 자인지 죄인인지에 대한 신학적 문제가 심문과 논쟁의 핵심이었다. 그런데 소경이었던 자의 대답은 "선지자=하나님께로부터 온 자"임을 확신하는 것이었다.

D 에 등장하는 인물은 유대인들(즉 바리새인들)과 소경이었던 자의 부모다. 1세기 후반기까지도 구약 선민이었던 유대인들은 예

수를 배척한 반면 이방인들은 복음을 수용하는 상반된 현상이 나타났으니까 포괄적인 표현으로 "유대인들"로 표현한 것이다. 그들은 소경이었던 자의 증언을 믿지 못하고 그의 부모까지 소환하여 원래부터 소경이었는지 여부를 확인하였다.

M 에는 예수에 대해 적대감을 가진 유대인들의 질문에 대한 소경 부모의 답변이 기록되어 있다. 그들의 답변내용은 긍정과 회피이다. 자기들의 자식이 소경으로 태어났다고 했다. 그러나 어떻게 눈을 뜨게 됐는지 누가 고쳐주었는지는 모른다고 했고 당사자에게 물어보라고 회피적 답변을 했다. 이 단락의 주연도 조연도 아닌 단역에 지나지 않는데도 M에 등장시킨 요한의 의도는 무엇일까? 그들의 답변이 예수님 때나 지금이나 예수님에 대한 일반적 답변이었으며 이것이 큰 문제점이기 때문에 통렬히 비판하여 교정을 촉구하려고 했기 때문이다. 저자 요한은 당시나 초대교회 시대나 지금 교회 안에서까지 예수님에 대한 미온적 태도가 사실 가장 고질적 병폐임을 지적하며 소경치유를 둘러싼 여러 부류의 다양한 반응과 태도를 통하여 성도가 취해야 할 바른 태도 바른 신앙관 확립을 천명하는 것이다.

D' 는 D에서 등장하는 소경의 부모가 M과 같이 대답한 이유가 무엇인지를 요한이 해설적으로 진술한 내용이다. 그들이 진실을 분

명히 증거하지 못하였던 것은 유대인들을 두려워하였기 때문이다. 권력적 위협이 두렵고 증언 후 닥칠 손해를 감안하면 사실 진술이 쉽지 않았다. 복음 적대자들에 대한 두려움의 극복이 진실을 밝히는데 관건이 됨을 부각시키고 있다.

C′ 에서는 치유받은 소경에 대한 바리새인들의 2차 심문이 기록되어 C와 대조를 이룬다. 두려움을 극복한 치유받은 소경의 담대함을 부각시켜 예수님을 만난 자들이 취해야 할 진정한 모습을 D′와 비교하여 잘 보여주고 있다. 치유받은 소경은 예수님을 정죄하도록 유도하는 바리새인들의 억압에 완강히 거부하며 하나님의 사람으로 단정하다가 출교당하게 되는 등 소경의 신앙이 더 확실해지는 점층법적 설명이 나온다.

B′ 에서는 치유받은 소경이 다시 만난 예수님 개인 앞에서 예수에 대한 자기의 주관적 신앙을 고백하는 내용이 보도된다. B에서는 자신의 눈을 뜨게 하신 분으로, B′ 에서는 인자이신 예수를 믿는다는 신앙고백으로, 그 다음 고백 후엔 경배까지 하는(38) 모습을 보여주고 있다. "믿는다"는 현재형이다. 헬라어 현재형은 한 동작이 계속되는 것을 표현하니까 단절적 믿음이 아니고 "계속적 믿음"이라는 표현이다. "절하는지라" προσκυνέω는 신적 대상에게 예배하는데만 사용된 단어이다.

A′ 에서는 예수님의 심판 선언이 나온다. ① 보지 못하는 자들을 보게 하는 것이고 ② 보는 자들로 소경이 되게 하는 것이다. A에서는 육적 소경을 말하고 대칭되는 A′에서는 영적으로 보는 자와 영적으로 보지 못하는 자에 대한 언급이 나오는 것은 실로암 거지 치유사건이 근본적으로는 예수에 대한 모든 인간의 영적 시력과 관련한 것임을 각성시키며 이것은 시대를 뛰어넘는 보편적 사건임을 감지시키는 것이다. 예수를 바로볼 수 있는 영안을 갖고 있어야 담대한 복음의 증거자가 될 수 있다는, 그리고 이런 제자들이 절대 필요한 지금이라는 것을 각성해야 한다.

17) 요 18:1-12 예수님의 자발적 체포되심

1-3   A 예수를 잡으려는 사람들의 등장

4-5   B "내로라"란 1차 선언

6   M 요한의 해설

7-9   B′ "내로라"란 2차 선언

10-12   A′ 예수께서 잡혀 끌려가심

예수님의 겟세마네 동산 체포사건은 모든 복음서에 기록되어 있는데 요한복음에는 가룟 유다의 배반의 입맞춤, 예수 체포되자 곧장 도망친 제자들의 이야기를 생략할 뿐 아니라 예수께서 자신을 체포하려고 온 자들에게 능동적으로 말을 건네고 자발적으로 결박받으시는 의연한 모습을 기록하고 있다. "아버지께서 내게 주신 자"를 하나도 잃지 않고 구원하시기 위하여 자발적으로 십자가를 향해 나아가셨던 것을 강조하기 위해서이다.

A 에는 등장인물과 지리적 배경이 나온다. 특히 등장인물을 설명함에 있어 공관복음서에 나오지 않는 "군대"란 표현을 사용하고

"등과 홰와 병기"란 무장 내역까지 밝힘으로 예수님을 체포하려 파견된 자들의 위용을 강조했다.

B 에서는 정작 대화를 주도하는 인물은 예수님이며 체포하려고 온 자들은 오히려 수동적으로 예수님의 위엄있는 질문에 대답하는 자로 나온다. 그러므로 A에서 군사들의 위용 표현이 B에서의 예수님의 더 큰 위용을 보조하는, 즉 예수님의 군사를 뛰어넘는 카리스마를 더 돋보이게 하는 표현이었음을 알려준다. 또한 가룟 유다도 마지막 부분에 그들과 함께 섰는 자로만 기록되었다. 요한의 시각에서 보면 가룟 유다나 군병들은 구속사의 절정이라 할 수 있는 십자가, 대속적 죽음의 길로 나아가기 위하여 예수께서 스스로 자신을 내어주시는 역사적 사건에 등장하는 보조자일 뿐이고 예수님만이 주인공으로 그 가운데 우뚝 서 있는 것이다.

M 역시 공관복음에 없는 내용으로서 예수님의 신적 위엄을 보여준다. A에서 위용있게 묘사된 자들이 무기력하게 땅에 엎드러지는 모습을 통하여 예수의 신적 위엄은 상대적으로 더욱 강조된다. M에서 주목할 말씀이 있다. 공관복음에는 없는데 여기는 3번이나 나온다는 것이다. B와 B′에는 직접화법으로 기록된 예수의 선언인 반면 M에 나오는 "내로라"는 당시의 목격자로서 요한이 사건의 정황을 설명할 때 인용한 것이다. ἐγώ εἰμί(나는 있다, 내가 나다)는

예수님의 자기선언으로 자주 등장한다. 예수께서 자신이야말로 다른것에서 존재의 근거를 찾지 않으시는 자존하시는 하나님 여호와와 동일하신 분이심을 암시하는 표현이다. 이 말씀 앞에서 체포하러 온 사람들이 땅에 엎드러짐으로 예수의 신적 능력을 실증적으로 보여 주었다.

B′ 역시 B와 마찬가지로 "내로라" 선언을 기록할 뿐 아니라 예수께서 대화의 주도자임을 보여준다. 그리고 제자들이 체포되지 않은 것은 도망쳤기 때문이라고 공관복음엔 기록되었으나 요한은 독특하게 예수님의 말씀 때문인 것으로 밝히고 있다. 예수의 말씀의 권위와 마지막까지 제자들을 사랑하시고 안전을 돌보셨음을 부각시키고 있다.

A′ 는 실제 예수의 체포가 종결되었음이 기록되어 있다. 하나님의 구속사의 계획 가운데 포함된 십자가 수난을 능동적으로 감당하시려고 자발적으로 체포되셨음이 강조되고 있다. "아버지께서 주신 잔을 내가 마시지 아니하겠느냐"라는 예수님의 말씀을 결론적으로 소개함으로써 하나님 아버지의 뜻을 따르는 자발적 순종임을 명시적으로 강조한다.

그리고 보다 강조하려 한 것은 "예수의 하나님 되심"이다.

18) 행 3:12-16 예수님의 주 되심과 앉은뱅이가 믿음으로 치유됨

12	A	개인의 권능과 경건이 이적을 일으킨 것이 아님
13a	B	하나님께서 예수님을 영화롭게 하심
13b-15a	M	유대인들이 예수님을 죽였음
15b	B′	하나님께서 예수님을 살리심
16	A′	예수로 말미암아 난 믿음이 이적을 일으킴

성전 미문에서 구걸하던 앉은뱅이를 예수 그리스도의 이름으로 고쳐주니 이 사람이 걷고 뛰며 성전으로 들어가며 찬양을 했고 백성들이 심히 놀라 앉은뱅이였던 사람과 베드로와 요한을 따라 솔로몬 행각에 모이니 베드로의 설교가 이어지게 되고 백성들이 자초지종을 알게 된 사건을 다룬다.

A 베드로는 두 가지 사실을 밝힌다. 앉은뱅이를 일으킨 것은 기이한 일이 아니라는 것이고, 또 하나는 자신의 권능에 의한 것이 아니라는 것이다. 38년 된 앉은뱅이가 일어났고 뛰기도 했는데 기이

한 일이 아닌가? 베드로가 일으킨 것을 다 아는데 아니라고 할 수 있는가?

B 는 하나님께서 예수를 영화롭게 하셨다는 내용을 선포한다. A사건을 해명해야 될 텐데 딴소리를 하는 것 같았다. 그러나 베드로는 이같은 파격적 논리 전개를 통하여 이 기적의 주체가 예수 그리스도임을 강력히 시사하는 동시에 자신의 선포 논지도 이적의 놀라움을 알리는 것이 아니라 이적의 주체인 예수에 대한 바른 자세를 촉구하려는 의도도 있다. 조상들의 하나님이 예수님을 보냈고 영화롭게 했는데 처형시켰다는 사실과 유대인들의 잘못된 예수님에 대한 선입견, 고정관념을 전환토록 유도하고 있다.

M 에는 로마총독도 석방하려던 예수님을 유대인들이 오히려 죽였던 사실을 꼬집었다. 베드로는 청중이 모인 기회를 이용해서 주 예수에 대한 바른 믿음을 촉구하는 설교를 하려고 했다. 우선 잘못된 고정관념을 깨야 했다. 죽으신 이후에도 부활하셔서 제자들을 통해 놀라운 기적을 행하고 있는 생명의 주를 오히려 죽음으로 내몰았던 유대인의 부당성이 인정되어야만 회개가 가능했기 때문이다.

B′ 는 B에서보다 예수님의 부활을 직설적으로 재강조하는 역할

을 한다. 예수님을 죽인 유대인들의 행위는 하나님의 뜻에 어긋나는 전혀 변명할 수 없는 잘못이었다고 암시한다.

A´ 는 A와 대응되는 내용인데 더 확실하게 밝힌다. 앉은뱅이 치유도 예수님이 하셨다 한다. 예수님의 메시야직의 정통성 및 재림과 심판, 회복 등을 연이어 강조하며 거듭하여 드디어 명시적으로 유대인의 회개를 촉구하는 솔로몬 행각의 설교후반으로 자연스럽게 연결한다.

19) 행 4:23-31 석방된 사도들의 보고와
성도들의 기도와 전도

23　　　　P　서언

24　　　　　A　하나님의 권능

25a　　　　　B　다윗의 입을 의탁한 성령의 말씀

25b-28　　　　　M　그리스도의 수난 예언과 성취

29　　　　　B′　믿는 자들의 입을 통한 하나님의 말씀

30　　　　　A′　믿는 자들의 권능

31　　　　E　결언

　　성전 미문에서 앉은뱅이를 고치고 설교하다가 체포된 베드로와 요한이 산헤드린 공회에서 심문받고 석방된 후에 보인 초대 예루살렘교회 성도들의 반응을 소개하고 있다. 사도들의 보고를 듣고 위축될 수도 있었지만 전혀 그렇지 않았다. 오히려 합심하여 기도했고 성령충만 받아 하나님 말씀 전하기에 더욱 힘썼다.

　　P　서언에는 베드로와 요한이 석방되자마자 성도들에게 가서

모든 상황을 이야기했다고 기록되었다. 복음전파를 금하라는 협박을 받았던 사실을 그대로 전했다는 것이다.

A 는 교회가 태동하고 첫 위기를 맞았으나 합심하여 기도하는 성숙한 신앙을 가졌음을 기록했다. 그들은 기도의 대상인 하나님이 만물을 지으신 대주재임을 고백했다. 만유의 주인이신 하나님의 도우심에 의해 어떤 난관도 해결할 수 있다는 신뢰감이다.

B 에는 다윗시를 인용하여 기도하고 있음이 기록되어 있다. 다윗처럼 성령의 말씀을 말한 것 같이 자신들도 주의 종들로서 담대하게 하나님 말씀을 전하게 하여 달라는 뜻이다.

M 그리스도를 향한 세속 권력자들의 타오르는 적대감이 예수께서 등장하시기 천여년 전에 이미 예언되었으며 또한 예언된 바와 같이 정확히 성취되었음을 밝히고 있다. 가장 중요한 내용을 중심부에 배치하는 교차대구 구조에서 이중적으로 밝힌 것은 그리스도께서 고난받으신 것과 마찬가지로 그리스도의 추종자인 자기들이 고난받는 것도 마땅하다는 사실을 고백하는 의미를 가진다. 그리스도는 힘이 없어서가 아니라 하나님이 예정하신 그것 즉 구속원리를 충족시키고자 스스로 받으신 것이었듯이, 자신들이 고난받는 것도 하나님의 뜻 아래 있는 것으로 간주하였다. 그래서 고난에 굴복하지 않을 것이라는 결의가 내포되어 있음을 알 수 있다.

B′ 에서 비로소 자신들의 위협받는 현실에 대한 직접적인 간구가 등장한다. 하나님의 뜻 안에서 고난받으니까 이길 수 있다는 믿음 때문이다. 그들은 자신들의 사명에 더 관심을 갖고 있었다.

A′ 에는 치유와 표적과 기사가 예수의 이름으로 이루어지게 해달라는 간구이다. 이 모든 권능이 대주재이신 하나님께 근거한다는 그들의 믿음을 보여주는 역할을 한다.

E 결언에는 그 기도가 응답되었음을 보여주는 증거로서 성령충만함을 받은 성도들이 이후에도 더욱 담대하게 하나님의 말씀을 전했던 사실을 기록하고 있다. 산헤드린 공회의 협박이 무위로 돌아가고 보다 활발한 복음전파가 이루어졌음이 기록되고 있다.

예수 재림 때까지 계속될 박해 속에서 어떻게 응전할 것인지를 보여주는 모델이라는 점에서 큰 의미를 갖는다.

20) 행 11:1-18 고넬료 가문 개종, 할례파의 비판, 베드로의 변론

1	P	서언
2, 3	A	베드로에 대한 힐난
4-10	B	베드로의 환상 진술
11, 12	M	성령의 명령과 베드로의 순종
13, 14	B′	고넬료의 환상 진술
15-17	A′	베드로의 최종 변론
18	E	결언

본 단락은 이방인 고넬료 가정의 개종사건에 대한 유대인 신자들의 문제제기 및 이에 대한 베드로의 변론과 그 결과로 예루살렘교회가 이방인 선교를 인정하게 된 과정을 기록하고 있다.

P 는 유대에 거하고 있는 사도들과 형제들이 이방인들도 하나님의 말씀을 받았다는 사실을 들었음을 밝힌다. 당시 선민의식과 유대교적 율법주의의 관행에 젖어있던 이들이 접하게 된, 이방인이 최초로 복음을 듣고 구원받은 사건은 그야말로 큰 충격이었다.

A 에는 베드로가 예루살렘에 도착하자 유대주의 성향이 강한 할례파 신자들이 베드로가 이방인과 교제하였음을 비난하는 내용이 기록되었다.

B 는 베드로가 욥바에서 기도중에 본 자신의 환상을 설명함으로써 변론이 시작되는 부분이다. 자신도 과거에는 지금 자신을 비난하고 있는 할례파 신자들과 마찬가지로 유대교적 율법주의에 사로잡혀 있었음을 밝힌다. 그러나 "하나님이 깨끗하게 하신 것을 네가 속되다 말라"(9절)는 하나님의 지시를 직접 소개함으로써 이제 구약시대에 유대인들에게 주어졌던 의식법을 극복하는 것이 전에 이런 율법들을 수여하셨던 바로 그 절대자 하나님의 뜻임을 명확히 하였다.

M 에서 베드로는 자신이 고넬료의 집에 들어가게 된 것은 순전히 성령의 명령에 의한 것임을 밝힌다. "아무의심 말고 함께 가라"(12절)는 성령의 직접적인 명령을 중심으로 제반 상황이 생략된 채 매우 짧게 기술되어 있다. 저자는 가장 중요한 내용이 배치되는 중앙 M에 성령의 명령을 기록함으로써 베드로의 고넬료 집 방문은 인간의 판단이 아니라 순수하게 성령의 명령에 의하여 이루어졌음을 선명히 각인시키고 있다.

B′ 에는 고넬료의 환상을 기록함으로써 베드로의 환상을 기록한 B와 내용상 대응을 이룬다. 14절, 천사의 지시내용을 진술한 것은 이방인 고넬료에 대한 하나님의 관심과 구원의지를 강조한 것으로서 베드로가 고넬료의 집에 들어가 말씀을 전하고 구원을 선포하는 것이 하나님의 뜻임을 오히려 B보다 더욱 명시적으로 전달하고 있다.

A′ 에는 베드로가 고넬료의 집에 들어가 설교를 시작하자 전날 예수 승천 후에 자신들에게 임하였던 동일한 성령이 임하였음을 회상하며 이방인의 구원이 인간이 막을 수 없는 하나님의 주권임을 결정적으로 못 박는 베드로의 주장이 기록되어 있다. 즉 이방인 구원은 하나님의 친히 행하시는 주권임을 강조함으로써 더 이상의 논쟁의 여지없이 완벽하게 변론하였다.

E 에는 예루살렘교회가 이방인에 대한 선교를 인정하는 내용이 나온다. 특히 하나님께 영광을 돌리는 내용까지 기록함으로써 단순히 반대를 멈춘 것이 아니라 이방인 선교에 대한 하나님의 주권을 기쁨으로 받아들였음을 보여준다. 실제로 이 사건은 예수께서 승천시 주신 "땅 끝까지 이르러 내 증인이 되리라"는 지상명령이 이 땅의 역사 안에서 실현되는 중요한 기점이 된다.

21) 롬 2:6-11 행한대로 보응하시는 하나님의 심판

6	P	심판의 기준-각 사람이 행한 대로 심판함
7	A	선한 자에 대한 상급의 심판
8, 9	M	악한 자에 대한 보응의 심판
10	A′	선한 자에 대한 상급의 심판
11	E	심판의 기준-외모로 사람을 취하지 않음

하나님께서 각 사람이 행한 대로 심판하시며 외모로 사람을 취하지 않는다는 사실을 제시함으로써 심판의 보편성을 강조한다. 이방인이나 유대인 모두 심판을 받으며 심판의 근거는 양심과 율법이라는 원칙을 천명한다.

P 는 각 사람이 행한 대로 공의롭게 이루어지는 하나님 심판의 근본 기준에 대한 선언이다.

E 에는 하나님이 인간의 행위가 아닌 다른 조건으로는 심판을 집행하지 않을 것임을 부정적 입장에서 언급하였다.

A 는 선한 행위를 한 자에게 임하는 상급의 심판에 대하여 언급한다. 바울은 선한 행위를 "참고 선을 행하여", 선한 행위의 목적을 "영광과 존귀의 썩지 아니함을 구하는", 그 결과는 "영생"으로 각각 묘사했다.

M 은 악을 행한 자에게 임하는 보응적 심판의 기본내용에 대하여 다룬다. 악한 행위는 "당을 지어"로, 악한 행위의 목적을 "진리를 좇지 하니하고 불의를 좇는" 것으로, 그 결과를 "노"와 "분"으로 각각 묘사하여 M이 내용에 있어서는 A와 반대지만 그 문장형식에 있어서는 동일한 구조로 되어있음을 보여준다. A와 M은 반의적 병행을 이루고 있다. 악한 자에게 보응적 심판이 개별적으로 임하는 것뿐 아니라(보편성) 유대인 이방인 모두에게 임한다는 사실을 명시적으로 기록함으로써 차별없는 심판의 보편성도 보여준다.

A′ 는 내용면에서 A와 동일하다. A가 심판의 개별성을 통한 보편성을 강조한다면 A′ 는 유대인이나 이방인 누구에게나 임한다는 측면에서 차별없는 심판의 보편성을 강조했다.

E 는 하나님의 심판이 편파적이지 않고 공정함을 강조한다.
P에서는 심판의 객체가 인간이라는 사실과 더불어 심판기준이 인간의 행위임을 부각시켰다면 E는 직접 심판의 주체가 하나님이

란 사실과 더불어 그 심판이 외모 즉 여하한 경우의 외적 조건에 구애받지 않고 이루어지기 때문에 공정하다는 점을 부각시킨다.

22) 롬 11:33-36 하나님의 오묘한 섭리에 대한 경배의 찬양

33a	**A**	하나님께 대한 찬양의 서언
33b	**B**	찬양의 내용(1)-하나님의 부요함
33c	**C**	찬양의 내용(2)-하나님의 지혜
33d	**D**	찬양의 내용(3)-하나님의 지식
33e	**M**	하나님의 판단과 행하시는 길의 오묘함
34a	**D´**	아무도 주의 마음을 다 알 수 없음
34b	**C´**	아무도 하나님과 의논할 수 없음
35	**B´**	인간이 먼저 하나님께 무엇을 드릴 수 없음
36	**A´**	하나님께 대한 찬양의 결언

장구하고도 위대한 구속사의 전개과정에서 나타난 하나님의 오묘한 섭리에 대하여 경배의 찬양을 드린다. 위대한 구속사를 홀로 이루어가시는 하나님의 절대주권과 섭리에 대한 진술을 터쳐 나오는 감사와 경배의 찬양으로 마감하는 것은 썩 어울리는 일이다. 바울은 교차대구 구조를 사용하여 보다 생동감 있게 표출하고 있다.

A 는 하나님의 완벽하심과 오묘하심 및 심오하심에 대한 찬양 때문에 터져나오는 감탄을 여과없이 그대로 옮겨 놓았다. "오 깊음이여"로 번역해야 벅찬 감격을 전달할 수 있다. 또 "오 하나님의 부요함과 지혜와 지식의 깊음이여"로 원문에 맞게 번역해야 본 단락이 교차대구 구조의 모양새로 잘 대칭되고 있음을 이해될 수 있다.

B 와 **C** 와 **D** 에서는 바울이 그렇게나 감격하고 있는 하나님의 깊음의 내용이 무엇인지 밝히는데 한글개역성경은 "하나님의 지혜와 지식의 부요함"이라 하여 지혜와 지식이 "부요함"을 수식하는 것처럼 번역했으나 원문엔 지혜, 지식, 부요함이 동일하게 "깊음"을 수식한다(RSV는 옳게 함). 구속의 은혜에 감격하며 하나님께 드리는 감사찬양을 B에서는 하나님의 부요함 때문이라고 했는데, 이는 하나님의 무한성 즉 양과 질 어느 쪽도 완전히 제한없는 자유자이기 때문이라는 것이다.

C 에서는 지혜 때문에 즉 창조물 전반에 대하여 가지시는 통찰력 또는 목적을 선하고도 효율적으로 달성하기 위하여 가지시는 현명함 때문에 감사찬양 한다는 것이다.

D 에서는 지식 때문인데 지식은 모든 대상에 대하여 가지시는 개별적 동시적 직각적 인식을 가리킨다. 하나님의 전지하심을 인하

여 감사찬양한다는 것이다.

M 하나님의 판단은 너무 깊어서 누구도 헤아릴 수 없으며 하나님의 행하시는 길은 너무나 오묘하여 탐지할 수 없다는 최고의 고백이 담겨있다.

D′ 는 하나님의 지식을 지적한 D에 대응하며 하나의 독립된 수사의문문을 사용하여 하나님의 무한하신 지식을 유한한 인간이 도저히 알 수 없음을 보다 구체적으로 선포한다.

C′ 도 C에 대응하여 무한하신 하나님의 지혜 앞에서 인간의 지혜는 아무것도 아니라는 사실에 대한 독자들의 전폭적인 호응을 유도하기 위하여 수사의문문을 사용하여 선포한다.

B′ 도 하나님의 부요함을 지적한 B에 대응하는 수사의문문이다. 인간이 먼저 하나님께 드리는 일이 있을 수 없을 정도로 하나님께는 어떤 부족함도 없으며 인간에게 의지하지 않음을 효과적으로 선포, 노래하고 있다.

또 하나의 D′C′B′의 공통점은 구약의 인용이라는 것이다. D′, C′는 사 40:13의 인용이고, B′는 욥 41:11의 인용이다. 즉 구약성경도 이미 인정하였음을 강조하여 자신의 고백과 찬양의 신적 권위를 시사했다.

A′ A와 대응되는 A′의 36절 상반절은 33-35절에 기록된 찬양의 이유를 밝히는 역할을 한다. 구속사를 이끄시는 하나님의 섭리와 풍요함, 지혜, 지식＋사랑에 대한 모든 찬양의 결언이다. 36절 상반절은 원어로 볼 때 동사가 전혀 사용되지 않았다. ἐξ αὐτοῦ, δι᾽ αὐτοῦ, εἰς αὐτοῦ 모두 "전치사＋인칭대명사"란 정형적 형식을 취하는 간략한 묘사로 되어 있는데 간략하나 강력한 의미를 전달하는 문장기법이다. "영광이 그에게 세세에 있으리로다. 아멘" 찬양과 기도의 종결문이다. 로마서 9-11장 기사를 시적 찬양문으로 종결하되 섬세하고 치밀한 방법으로 짜여진 교차대구 구조로 제시하여 독자에게 보다 깊은 인상과 여운을 남긴다.

23) 고전 9:16 복음전파는 마땅한 일

16   A 내가 복음을 전할지라도

         B 자랑할 것이 없음은

      M 내가 부득불 할 일임이라

         B´ 내게 화가 있을 것임이로라

      A´ 만일 복음을 전하지 아니하면

본 절은 바울 사도가 행하는 전도사역이 자신의 명예를 높이려는 것이나 공적을 세우기 위함이 아니요 신적 소명으로 부여된 절대적 의무를 이행하는 것일 뿐임을 고백하는 구절이다. 원문으로 볼 때 본문은 복음전파가 자신에게 부여된 피할 수 없는 의무임을 강조하기 위해 같은 단어를 대응되는 부분에 배치하며 단어의 수효를 맞추고 배열에 있어서도 세심한 주의를 기울인 전형적 교차대구 구조다. 그러나 우리말의 구조나 어순이 헬라어와 달라서 한글개역성경은 교차대구 구조를 통하여 바울이 전달하려는 강조점과 섬세한 표현상의 묘미를 충분히 살리지 못했다.

A 는 ἐὰν γὰρ εὐαγγελίζωμαι 세 단어로 되어 있다. 직역은 "내가 복음을 전한다 할지라도" 이다. 바울은 실제로 복음을 대단하게 열심히 전하고 있으면서도 의도적으로 "유앙겔리조마이" 가정법 현재형 단어를 써 B에 나오는 "자랑할 것이 없다"라는 소극적 내용과 조화를 이루도록 했다.

〈참조〉 헬라어 직설법은 실제로 일어난 사건, 일을 묘사하는 반면 가정법, 희구법, 명령법은 실제 일어난 사건이 아니라 가능한 동작을 나타내는 비실재법이다.

B 는 οὐκ ἔστιν μοι καύχημα 직역하면 "자랑할 것이 나에게 없다" 이다. 개역성경은 "나에게" 란 뜻을 갖는 1인칭 단수 여격대명사 "모이"를 번역하지 않았으나 바울이 자신의 태도를 명확히 밝히기 위하여 B, M, B′에서 각각 한 번씩 세 번이나 사용한 단어임으로 번역하는 것이 타당하다. "에스틴"은 영어 be동사에 해당하는 εἰμί 동사의 3인칭 단수현재형이다. 변함없는 사실이나 상태를 나타내는 현재 직설법 동사를 사용하여 "자랑할 것이 없다"는 것은 지속적이며 변함없는 자신의 신념임을 잘 보여준다.

M 은 ἀνάγκη γάρ μοι ἐπίκειται 직역하면 "왜냐하면 의무가 나에게 부과되어 있기 때문이다"가 된다. 의무와 필연성을 나타내는 명사를 문장 서두에 배치하였을 뿐 아니라 동작이나 상태의

지속됨을 나타내는 현재형 동사를 사용한 것은 바울에게 있어서 복음전파는 언제나 자신의 임의재량으로 처리할 수 있는 정도의 문제가 아니라 절대적 의무라는 깊은 자각에서 비롯되었음을 잘 강조한다.

B′ 는 οὐαὶ γάρ μοί ἐστιν인데 직역하면 "왜냐하면 그것은 나에게 화이기 때문이다"가 된다. A, B와 대응이 되는 이 부분을 A, B 문장순서에 맞추자면 A′, B′ 의 문장순서가 합당함에도 불구하고 바울이 B′, A′ 순서로 문장을 배치한 것은 본절을 분명한 교차대구 구조를 만들기 위해서다. A와 B에서 "복음을 전하는 것이(긍정문) 자랑거리가 아님을(부정문)" 밝혔는데 B′, A′ 에서는 "복음을 전하지 않는 것이(부정문) 나에게 화가 된다(긍정문)"는 사실을 밝혔다. 즉 같은 내용을 긍정문과 부정문을 교차되게 배치하여 말함으로 복음 전하는 것이 자랑거리 만들려고 하는 게 아니라 화를 피하기 위해서임을 강조하는 것이다.

A′ 를 보면 ἐὰν μὴ εὐαγγελίσωμαι 즉 "만일 내가 복음을 전하지 않는다면"이 된다. A′ 와 A는 단어수도 맞추었다. A에서 γάρ 는 없어도 되는 단어다. 그리고 운율까지 맞추었다. 그리고 "유알겔리조마이"를 가정법 부정과거형으로 썼다. 가정법에서 부정과거시제가 단회적 동작을 나타내니까 A′ 는 "단 한번이라도 복음 전하는

일을 중단한다면" 이라는 매우 강조적 의미를 지닌다.

교차대구법으로 살펴야 내용의 배치, 단어수, 문장순서, 긍정 부정문의 교차 사용 등을 시도한 섬세한 문장임을 발견하게 된다.

24) 요일 4:7-5:3 하나님의 사랑, 하나님과 형제에 대한 사랑

4:7, 8   [A] 형제사랑의 권면

9   [B] 사랑의 증거

10   [C] 하나님 사랑의 우선함

11-13   [D] 온전한 사랑

14-16   [M] 하나님의 임재

17, 18   [D'] 온전한 사랑

19   [C'] 하나님 사랑의 우선함

20   [B'] 사랑의 증거

21-5:3   [A'] 형제사랑의 권면

    사랑의 사도라는 요한이 쓴 서신에는 사랑의 실천을 강조하는 내용이 여러 차례 등장한다. 그 가운데서도 본 단락은 가장 집중적으로 형제 사랑의 실천을 역설하는 부분이다. 무려 18절에 이르는 분량의 내용이 일관되게 하나님의 사랑에 근거한 형제 사랑의 실천을 촉구할 뿐 아니라 교차대구 구조로 되어 있어 사도 요한이 형제 사랑의 필연성을 설득시키기 위하여 매우 세심한 관심을 기울였음을 드러낸다.

A 에는 성도들을 향한 노 사도의 사랑에 대한 아름다운 초청이 나온다. "사랑하는 자들아" — 자신이 독자들을 사랑하고 있음을 독자들이 깨닫게 하고 "우리가 서로 사랑하자"란 사랑의 초청이 이어진다. ἀγαπῶμεν은 권유적 가정법이다. 즉 엄한 명령이 아니고 모든 성도들이 사랑을 함께 실천하자는 다정한 권면이다. 현재 시제를 사용하여 형제 사랑이 지속적으로 시행되어야 할 것도 권면한다. 또 사랑의 신적 속성을 밝히고 진실한 사랑은 오직 하나님께 기원함을 지적하면서 사랑이야말로 하나님을 알고 체험하는 첩경임을 보여준다. 그리고 곧바로 앞선 내용과 반의적 대구를 이루는 표현을 사용하여 사랑의 유무에 의한 "하나님에 대한 앎"의 유무에 관심을 집중시킨다(γινώσκω=경험적, 인격 교류를 통한 전인적 지식).

B 에서는 A에서 선언한 "하나님은 사랑"이란 만고불변의 명제를 인정할 수밖에 없는 가장 대표적 증거를 제시한다. 즉 하나님은 인생의 구속을 위하여 자신의 독생자를 세상에 내어주신 사건을 통해 자신의 사랑을 결정적으로 입증하셨다는 것이다.

C 는 "사랑은 여기 있으니"란 표현으로 시작하여 앞에 언급된

사랑에 대한 부연설명임을 암시한다. 그리고 "우리가 하나님을 사랑한 것이 아니요 오직 하나님이 우리를 사랑하사"라는 표현 즉 전자를 부정함으로써 후자를 강조하는 방법을 사용하여 우리를 향한 하나님의 사랑이 우선됨을 강조한다. 결국 인간을 향한 하나님 사랑이 먼저라는 것이다.

D 는 성도 각자의 형제 사랑 실천을 통하여 온전한 하나님의 사랑이 실현됨을 진술한다. 성도 각자가 사랑을 행함이 당연하고 필수적임을 논증하며 설득시키고자 하는 것이다. 특히 13절에는 "성령"이 등장한다. 12절에서 언급한 선언의 확실성을 성령이 보증해 주신다는 것을 강조하기 위해서다.

M 에는 성자 그리스도가 등장한다. D에서 성령이 등장하여 성도간의 사랑을 하나님 임재와 연관시켰는데 M에서는 사도들이 보았고 증거한 예수를 하나님의 아들로 시인하는 것을 하나님 임재와 연관시킨다. 하나님 사랑에 근거한 사랑의 실천을 촉구하는 본 단락의 교차대구 구조 가운데 가장 중요한 중심부에 누구든지 예수를 하나님의 아들로 시인하면 하나님과 함께 거할 수 있다는 내용을 배치한 것은 예수를 하나님의 아들로 시인하는 그리스도교의 근본 교리와 형제 사랑이란 그리스도교의 가장 기본적인 도덕률이 본질 상 서로 맞닿아있음을 부각시키는 것이다. 실로 진리와 사랑은 상

호불가분의 관계이다. 16절에는 "믿다" 란 표현이 나온다. 요한은 영지주의 이단들의 정체를 밝히는데 주력해 왔으나 여기서는 믿는다는 단어를 사용하여 그들의 믿음 없음을 결정적으로 드러냈다. 곧 우리가 예수를 믿는 것 자체가 하나님의 사랑을 믿는 것임이라고 지적하여 진리와 사랑의 불가분성을 재차 강조하며 그런 진리를 믿는 성도의 사랑실천을 설파하고 있는 것이다.

D′ 는 ἐν τούτῳ로 시작함으로 형식상 D와 대응된다. 한글개역에는 번역되지 않았으나 13절도 같은 단어로 시작된다. D′ 는 M의 (16절) 명시적 선언을 확장 설명하고 있다. 17절엔 사랑이 성도 안에 온전히 이루는 것을 의미하고 18절에 나오는 바 심판날에 담대함을 가지게 하며 이는 성도가 주를 닮았기 때문이라고 확장 설명한다. 심판의 두려움을 내어쫓지 못하고 두려워함은 아직 하나님의 사랑안에서 온전히 이루지 못한 사람이라는 부정적 측면도 제시한다.

C′ 는 성도가 서로 사랑해야 하는 것은 하나님께서 먼저 우리 성도를 사랑하셨기 때문임을 지적하여 하나님 사랑의 우선함을 밝힌 C와 내용상 병행을 이룬다.

B′ 는 하나님을 향한 사랑과 형제 미워함이 병립될 수 없는 것으

로서 보이는 형제 사랑이 보이지 않는 하나님 사랑의 결정적 증거
가 됨을 진술한다. 형제 사랑도 하나님이 우리를 사랑하여 독생자
를 희생시킨 것처럼 희생이 없이는 할 수 없다는 것 그리고 각자가
먼저 능동적으로 실천해야 함을 암시한다.

A′ 도 A와 마찬가지로 형제 사랑을 직접적으로 권면하는 내용
으로 시작한다. A에서는 하나님 사랑의 속성과 이에 대한 성도의 인
격적 경험에서 형제 사랑의 당위성을 찾은 반면, A′에서는 하나님
께로부터 받은 계명에서 형제 사랑의 당위성을 찾는다. 직접적 체
험에 의해서 우러난 자발적 결단이든 하나님이 객관적으로 명령한
계명에 대한 복종이든 모두의 측면에서 실천할 수밖에 없음을 이중
으로 강조한다. 형제 사랑은 선택이 아니라 반드시 해야 하는 필수
사항임을 최종적으로 다시 한 번 역설하고 있는 것이다.

구약에 있는 교차대구 구조의 말씀들

1) 창 1:14-18 광명창조(제4일)

14	A	주야를 나뉘게 하라
14	B	징조와 사시와 일자와 연한이 이루라
15	C	땅에 비추라
16	M	하나님이 두 큰 광명을 만드시 큰 광명으로 낮을
		작은 광명으로 밤을 주관하게 하시다
17	C′	땅에 비취게 하시며
18	B′	주야를 주관하게 하시며
18	A′	빛과 어두움을 나뉘게 하시니라

본문은 광명을 창조하신 제4일에 있었던 사건을 보도하고 있다. 하나님께서 큰 광명은 낮을 주관케, 작은 광명은 밤을 주관케 하셨다는 사실(M)이 본 단락의 핵심이다. 그리고 M을 기준으로 그 앞에

나오는 A B C는 하나님의 명령이며 C′ B′ A′ 는 이에 대응하여 하나님의 명령에 따라 실제 상황이 발생하였음을 묘사하는 부분이다. 그런데 이러한 원인과 결과가 위의 분해도에서 보듯이 가운데 M을 사이에 두고 완전히 대칭구조로 이루어져 있어 본문은 하나님의 명령이 단 한 치의 오차도 없이 그대로 이루어졌음을 설득력있게 보여주고 있다. 또 해와 달의 기능이 본문에서는 A B C M(A′ B′ C′ M) 4가지로 언급되고 있고 구체적으로 묘사하기 위해 14-18절 사이에는 여러 가지 다른 표현이 나온다. 심지어 원어성경에는 "~하기 위하여"란 뜻이 있는 전치가(ﾚ)가 무려 11회나 사용되어 해와 달이 그 자체로서 무슨 목적이 있는 것이 아니라 다른 피조물을 위하여 철저하게 봉사하는 기능만이 있음을 강조한다. 하나님께서는 피조물 하나하나를 창조하실 때 먼저 세심한 계획을 세우셨고 한 치의 어긋남도 없이 창조하셨음은 원문구조가 너무나 정교하다는 데서도 느낄 수 있다.

더욱이 인간을 하나님의 형상을 따라 영 혼 육과 자유의지까지 가진 천하보다 귀한 존재로 창조하심은 더 오묘하신 계획이 있으셨다. 그러므로 우리 각자는 세속적 판단으로 서로를 비교하기 전에 우선 절대적으로 각자가 하나님의 오묘한 창조섭리에 의해서 이 땅에 존재하게 된 창조물임을 깨닫고 바로 나를 향한 하나님의 뜻을 이루기 위해 더욱 매진해야 한다.

2) 장 6:9~9:18,19 노아와 하나님의 은혜

6:9, 10	A	(도입) 노아의…세 아들을 낳았으니
11, 12	B	(온 땅의 타락) 강포가 땅에 충만한지라
13-22	C	(심판선언) 땅에 있는 자가 다 죽으리라
7:1-10	D	(방주 승선 명령) 너와 네 온 집은 방주로 들어가라
11-16	E	(심판의 시작) 큰 깊음의 샘… 하늘의 창들이 열려
17-22	F	(심판의 급속한 진행) 물이 많아져 방주가 땅에서 떠 올랐고
23-8:1	M	(하나님의 은혜) 하나님이 권념하사
8:1-5	F′	(심판의 급속한 정리) 물이 점점 감하여
6-14	E′	(심판의 종결) 지면에 물이 걷혔더니
15-19	D′	(방주 하선 명령) 너는… 방주에서 나오고
20-22	C′	(심판종결 선언) 내가 다시는… 땅을 저주하지 아니하리니
9:1-17	B′	(하나님의 시복) 생육하고 번성하여 땅에 충만하라
18, 19	A′	(결론) 노아의 이 세 아들로 좇아… 온 땅에 퍼지니라

A 노아 홍수사건의 도입부로서 이 사건의 주역이 될 인물들을 소개하고 있다.

A′ 본 단락의 결론으로서 일차적으로는 홍수 심판에서 멸망받지 않고 나온 사람의 명단을 밝히는 것이며, 더 나아가서는 밝아오는 새 세상의 주역이 될 인물을 소개하는 것이다.

B 이 세상에 심판의 불가피함을 보여주는 반면

B′ 하나님이 개입하심으로 온 땅이 B의 상태가 정리되고 하나님의 복 주심으로 새로운 세상이 열린 것을 보여준다. 온 세상의 멸절같지만 뒤집으면 오히려 다시는 홍수 심판이 없고 생육, 번성, 땅에 충만이라는 결과만 있을 것을 보장하는 것이기에 행복한 결말의 구조를 지닌다 할 수 있다. 이와 같은 방식으로 C-C′, D-D′, E-E′, F-F′는 각각 홍수 이전 상황과 그 이후의 상황을 여러 측면에서 대조시켜줌으로 대칭구조를 보인다. 심판 진행과정을 보여주는 A~F 보다 심판의 정리과정을 보여주는 F′~A′에 오히려 더 큰 강조점이 있으며 특히 본문 중심부 M에 하나님께서 노아와 그와 함께 방주에 있는 모든 들짐승과 육축을 권념하셨다는 내용이 나오는 것에서도 설득력을 지닌다. 하나님의 악 심판보다 은혜입은 노아와 가족과 다른 피조물들이 보호받았다는 데 더 큰 강조점이 있다는 사실이 구조분석을 통해 드러난다. 이 구조분석은 Journal of Biblical Literature의 기고자인 B. W. Anderson의 견해를 참고한 것이다.

3) 창 11:1-9 바벨탑 사건

1	A	온 땅의 구음이… 언어가 하나이었더라
2	B	거기 거하고
3	C	서로 말하되
3	D	자, 벽돌을… 견고히 굽자
4	E	성과 대를 쌓아
5	M	여호와께서… 강림하셨더라
5	E′	성과 대를 보시려고
7	D′	자, … 언어를 혼잡케 하여
7	C′	서로 알아듣지 못하게
8	B′	거기서 … 흩으신 고로
9	A′	온 땅의 언어를 혼잡케 하셨음이라

본문은 M을 사이에 두고 바벨탑을 쌓는 인간들과(A–E), 바벨탑을 허무는 하나님의 역사가(E′–A′) 뚜렷하게 대칭되는 구조를 보인다. 이는 히브리 문장 구조의 특징 가운데 하나인 교차대구법을 사용하여 양자간의 차이점을 선명하게 보여준다.

A 는 바벨탑을 쌓게하는 "원인"이 같은 언어를 사용하기 때문이라는 것인데

A′ 는 하나님의 심판 "결과" 오늘날과 같은 언어 혼잡현상이 일어나게 되었음을 보여준다.

B 는 땅을 정복하라는 하나님의 명령을 인간들이 무시하고 시날평지에 거하는 불순종을 기술했고

B′ 는 하나님께서 반역하는 인간들을 강제로 흩으셨음을 보여준다.

C 는 인간들의 악한 협력이 부각되나

C′ 는 악한 협력이 성삼위 하나님의 초자연적인 역사로 붕괴되었음을 보여준다.

D 와 D′ 는 인간의 어리석은 시도가 전능하신 하나님에 의해 언어 혼잡이란 결과를 초래했음을 보여주고

E 와 E′ 는 인간이 행하는 모든 일들을 하나님께서는 항상 불

꽃같은 눈으로 살펴보고 계심을 보여준다

M 에는 모든 일의 배후에는 하나님의 초자연적인 역사하심이 있음을 강조한다.

인간의 모든 행위는 하나님의 살피시는 대상이 되며 판단에 따라 심판의 대상됨을 강조한다. A B C D E는 A′ B′ C′ D′ E′ 라는 각각의 결과를 즉각 초래했다. 또 본문은 인간의 모든 그릇된 행동(A B C D E)이 하나님에 의해 수정되고 있음(E′ D′ C′ B′ A′)을 보여준다. 인간의 도모가 하나님의 뜻과 상치되면 깨진다는 진리를 다시 강조한다.

4) 창 12:10-20 아브라함의 애굽 이주 사건

12:10   A 애굽 입국(아브라함, 사라)

11-13   B 아브라함의 말(아브라함, 사라)

14-16   M 사라를 취한 바로(바로, 사라)

17-19   B′ 바로의 말(바로, 아브라함)

20   A′ 애굽 출국(아브라함, 사라)

창 12:1-9은 아브라함의 절대순종으로 요약되는 긍정적 주제를 다루었지만 이어지는 본문은 구속사의 주역으로 부름받은 아브라함의 인간적 연약함이 이 지상에 유일한 언약가문의 정체성까지 위협받는 매우 상반된 주제를 다룬다.

A 는 사건의 발단을 다루는 짧은 도입문이다. A와 대칭되는 A′ 는 사건의 완전한 마무리를 다룬다. A는 비극적 사건이 세속적 세상을 상징하는 애굽으로 내려감으로 발생했음을 보여주고 A′ 는 비극적 사건의 종결이 애굽을 떠남으로 완전 해결되었음을 보여준다.

B 는 비극의 발생이 아브라함의 인간적 생각 때문임을 밝히는 반면, 대칭되는 B' 는 여호와의 개입으로 해결되어감을 보여준다.

가운데 자리잡은 M 은 비극적인 사건의 실체를 보여준다. 아브라함을 통해 언약의 후손을 낳아야 할 사라가 바로의 후궁이 되어 구속사가 단절될 수 있는 위기에 빠졌다는 것과 이 비극적 상황을 행복한 결말로 역전시키시는 유일한 주역은 여호와시다. 한편 본문은 A와 A', B와 B', 그리고 M이 내용적 대칭구조를 이루며 각 단락의 길이도 A와 A'는 각각 1절씩. B와 B' 및 M은 각각 3절씩 배분했고, 각 단락에 등장하는 사람 수효도 2명씩으로 제한하는 통일성도 보였다. 이같은 사실들은 모두 다 원문 구조분석을 통해서 명료히 입증되는 귀한 진리들이다.

5) 창 17:1-24 아브라함 99세에 일어난 언약 갱신

1	A	아브람의 99세 때에
1	B	여호와께서 아브람에게 나타나서
1	C	그에게 이르시되
1, 2	D	1차 여호와 말씀
3	E	아브람이 엎드린대
4-8	F	2차 여호와 말씀
9-14	M	3차 여호와 말씀
15-16	F′	4차 여호와 말씀
17	E′	아브라함이 엎드리어
19-21	D′	5차 여호와 말씀
22	C′	하나님이 … 말씀을 마치시고
22	B′	그를 떠나 올라가셨더라
24	A′	아브라함이 … 99세이었고

창 17장에는 하나님께서 아브라함에게 언약의 후손이요 상속자인 이삭을 주시기 1년 전 99세 때 일어난 언약갱신, 아브라함과 사라의 개명, 언약의 표징인 할례의 실시 등 중요사건들이 기록되었

다. 이러한 내용들이 6+6 교차 대구법 구조로 기록되어 있어 내용이 복잡해도 잘 정리되어 있다고 느껴진다.

A 와 A´ 는 당시 아브라함의 나이를 밝힌다. 서두와 말미에 두 번이나 밝힘은 내용상 아브라함 개인에게는 물론 전 역사적으로도 매우 중요함을 거듭 강조하기 위함이다.

B 와 B´ 는 본장에 나온 모든 언약과 할례 명령이 인위적 생각 에서 나온 것이 아니라 신적 기원을 갖고 있음을 하나님의 현현과 사라짐이라는 대칭구조를 사용하여 선명하게 부각시키고 있다.

C 와 C´ 는 B와 B´ 를 보충하는 것으로 본 17장에 나오는 5차례 에 걸친 하나님의 말씀이 모두 아브라함에게 직접 주어진 말씀임을 밝힌다.

D 와 D´ 는 아브라함을 심히 번성케 하시겠다는 내용을 담고 있으나, D´ 는 더 구체적인 내용까지 즉 이를 실현시킬 후손은 사라 를 통해 태어날 이삭이라는 사실과 태어날 시점까지 명시한다.

본장에는 모두 5번의 하나님 말씀이 기록되어 있는데 D F M F´ D´ 는 그 내용이 점차 구체화 되어가는 점층법 구조로 되어 있다. 교 차 대칭구조에 다시 점층법까지 사용하여 독자들로 하여금 아브라함의 후손을 통하여 장차 이루어질 하나님의 역사가 참으로 기대할 만한 놀라운 일임을 자연스럽게 제시하고 있다.

E 와 E′ 는 이같은 하나님의 계시에 대한 인간의 불신을 대칭 구조로 보여준다. 하나님은 절대자시고 인간은 모든 것에 한계를 갖고 있어서 상대가 될 수 없으니 말씀을 무조건 믿어야 하는데 믿음의 조상이라는 아브라함조차 불신하고 있다. 진실한 신앙을 갖기가 얼마나 어려운지 극명히 보여주는 좋은 실례다.

F 와 F′ 는 서로 완전한 대칭을 이루면서 아브라함의 불신을 다시 해소시켜 주시는 하나님의 말씀이다. F는 하나님께서 아브라함을 열국의 아비로 삼고 이름도 바꾸어주시며 후손이 심히 번성하고 나라와 열방이 그를 따라 일어나리라 했고, F′ 는 이런 복이 사라에게도 동일하게 적용될 것을 확약하시는 것이다.

M 은 할례언약이 기록되어 있다. 할례는 하나님과 언약하에 있다는 증표로서 중요성을 갖는다. 즉 하나님께 속했음을 공포하는 증표인 할례기사를 정중앙에 놓아 인간은 오직 하나님과의 언약 안에 거할 때만이 복을 누릴 수 있으며 그 모든 언약도 유효하다는 것을 생생하게 보여주고 있다.

6) 창 28:11-19 야곱에게 언약 주신 하나님

11	A	한 곳
11	B	한 돌
12	C	하늘 … 하나님의 사자
13	D	여호와
13-15	M	하나님의 언약
16	D′	여호와
17	C′	하나님의 전 … 하늘의 문
18	B′	돌 … 기둥 … 기름
19	A′	그 곳

A 와 A′ 는 이 사건이 일어난 장소를 밝힌다. A에는 "그 장소 안에"로 간단히 표현했으나 A′ 는 이를 "바로 그 장소"로 보다 철저하게 한정하여 표현했다. 또 그곳 이름이 '벧엘'이며 본 이름은 '루스'였다는 부가적인 설명까지 자세히 밝혔다. 평범했던 장소가 하나님의 언약이 주어지고 난 이후에는 독특하고도 중요한 장소가 되었음을 보여준다.

B 와 B′ 에는 '돌' 이라는 작은 도구가 등장하는데 B에서는 단지 베개란 용도로만 쓰였으나 B′ 에서는 돌을 세우고 그 위에 기름을 부음으로 하나님께 경배드리는 성별된 예배의 도구가 됨을 기록했다. 야곱 자신도 자연인이었으나 언약을 받은 후에는 하나님과 더욱 특별히 교제하는, 성별된 존재가 되었음을 상징한다고 볼 수 있다.

C 에는 '하늘' '하나님의 사자' 가 C′ 에는 '하늘의 문' 과 '하나님의 전' 이 나온다. 이는 A B C 보다 A′ B′ C′ 에 더 세밀한 묘사가 나오는 구조의 연속이다. C에서 야곱이 세속적 시각에서 하늘의 것에 관심두는 변화가 생겼고 C′ 에서는 하나님에 대한 소극적 인식에서 적극적 인식으로 바뀌어 하나님과 교제하는 삶을 살게 되는 변화를 겪게 된다.

D 와 D′ 에는 각각 여호와가 등장한다. D는 언약 맺으시는 주체가 여호와임을 보여주고 D′ 는 언약을 주신 여호와께서 자신과 낯선 땅에서도 동행하고 계심을 야곱이 인정함을 밝힌다. 그런 의미에서 D′ 도 D보다 더 진전된 양상을 지닌다고 볼 수 있다.

본문 중앙 M 에는 본문핵심인 하나님 언약의 말씀이 기록되어 있다. 전형적인 하나님 언약의 기본 내용과 기본 구조를 모두 구비하고 있다. 먼저 언약의 주체가 되시는 당신의 정체를 조부와 부친의 하나님이라 밝힌다. 그들에게 주어진 언약을 야곱이 계승하게 된다는 확증이다. 또 땅과 자손에 대한 약속 및 야곱 개인의 보호에 대한 약속도 주셨다. 그러나 본 언약에서 가장 중요한 것은 '네 자손' 즉 장차 야곱 혈통을 통해 이 땅에 오실 그리스도, 그 분을 통해 땅의 모든 족속이 복을 받으리라는 것, 이것이 신구약 모든 성경의 가장 핵심되는 내용이다. 그래서 하나님의 언약을 중앙에 배치한 것이다.〈창 22:18 씨(단수), 28:14 자손(단수), 갈 3:16 자손(단수)〉

7) 출 6:1-9 출애굽 재약속

6:2	**A**	나는 여호와로라
3-5	**B**	내가 아브라함과 이삭과 야곱에게 … 나타났으나
6	**C**	그러므로 이스라엘 … 나는 여호와라
6	**D**	내가 … 너희를 빼어내며 … 건지며 … 구속하여
7	**M**	너희로 내 백성을 삼고 나는 너희 하나님이 되리니
7	**D'**	나는 … 너희를 빼어낸
7	**C'**	너희 하나님 여호와인 줄
8	**B'**	내가 아브라함과 이삭과 야곱에게 주기로 맹세한
8	**A'**	나는 여호와로라

서론과 결론이라 할 수 있는 A와 A′는 출애굽의 주체가 여호와 이심을 선포한다. B와 B′는 출애굽해 가나안 땅을 정복하게 되리라는 약속이 어느 날 갑자기 주어진 것이 아니라 조상들에 주어진 역사성을 지니고 있음을 밝히는 것(창 12:1-3, 17:1-3, 28:3, 35:11, 48:3)이며, C와 C′는 B와 B′에서 역사성을 강조한 것과 달리 현재성을 강조하는 것이다. 족장들의 하나님이실 뿐 아니라 바로 지금

고난 가운데 있는 이스라엘 백성들의 하나님도 되심을 보여준다. D 와 D′는 하나님이 백성들의 사정을 헤아리실 뿐 아니라 구체적 행동을 통해 문제를 해결하시는 분임을 보여준다(빼어내며, 건지며, 구속하여).

M 은 하나님께서 출애굽의 역사를 행하시는 근본 목적은 하나님이 이스라엘의 하나님이 되시고 이스라엘은 하나님의 백성이 되게 하는 것이(선민관계)며 출애굽 역사의 핵심이라는 것이다. 우리도 세상 고통에서 벗어나는 일시적 복락만 추구할 것이 아니라 하나님나라의 영원한 백성이 된 것을 영광으로 생각하고 하나님 백성의 합당한 삶을 살아야 한다.

8) 출 6:10-30 모세의 재소명

10-12	A	하나님의 명령과 모세의 변명
13	B	하나님의 대리인 모세와 아론
14-25	M	모세와 아론의 족보
26, 27	B′	하나님의 대리인 모세와 아론
28-30	A′	하나님의 명령과 모세의 변명

본문에서 A A′ 보다는 B B′ 가 더 중요하고 중앙에 위치한 M이 가장 중요하다.

A A′ 는 하나님의 생각과 인간의 생각이 다를 수 있음을 보여주고, B B′ 는 모세의 거듭되는 거부에도 불구하고 하나님의 결정에는 전혀 흔들림이 없음을 보여준다.

M 은 출애굽 대역사의 중심에 서게 될 모세와 아론의 족보를 보여준다. 모세와 아론이 부름받은 것은 순간적 결정이나 우연이 아니고 전능하신 하나님의 만세전 결정이며 취소불가능함을 보여준다. 인간이 비록 죄를 범하였더라도 하나님 앞에 회개자복하며 하

나님의 부르심에 따라 겸허히 나아가면 하나님께서 언제나 하나님 자녀로 신분을 회복시켜주심을 보여준다.

9) 출 12:15-20 무교절 규례-준수명령

15a   A 너희는 칠일 동안 무교병을 먹을지니

15b   B 그 첫날에 … 제하라

15c   C 무릇 … 먹는 자는 이스라엘에서 끊어지리라

16   D 너희에게 … 하지 말고 … 식물만 … 갖출 것이니라

17a   M 너희는 … 지키라 … 인도하여 내었음이니라

17b   그러므로 너희가 … 대대로 지킬지니라

18   A′ 정월에 그 달 십사일 저녁부터 이십일일 저녁까지

                  … 무교병을 먹을 것이요

19a   B′ 칠일 동안은 … 있지 않게 하라

19b   C′ 무릇 … 먹는 자는 타국인이든지 본국에서 난 자든지 …

        이스라엘 회중에서 끊쳐지리라

20   D′ 너희는 … 먹지 말고 … 유하는 곳에서 … 먹을지니라

본 단락의 핵심은 M "무교절을 지키라" 이다. 중심주제 앞뒤에서
거듭 반복되는 평행구조다.

10) 출 34:1-28 두 번째 돌판과 언약 갱신

1-4	A	모세가 두 돌판을 만들어 시내산에 오름
5-7	B	언약 갱신에 앞선 여호와의 이름과 성품과 의지의 선포
8, 9	M	여호와께 대한 모세의 경배와 간구
10-26	B′	언약 갱신을 위한 여호와의 의지와 명령 및 주요 율법 선포
27, 28	A′	여호와께서 십계명 두 돌판을 기록하심

언약 갱신과 십계명을 포함한 율법 수여의 주체가 하나님이시라는 사실이 본문 전체에 명백히 흐르는 것이다.

A 에는 하나님께서 과거와 동일한 돌판을 주려고 모세를 준비시키는 내용이 나온다. 대응되는 위치에 있는 A′ 에는 여호와께서 시내산 언약이 재체결되었음을 선포하시고 두 돌판에 십계명을 친히 기록하여 주신 것을 기록했다.

B 는 언약을 갱신하시는 하나님께서 자신이 어떤 분이신지 스스로 계시하시는 내용이다.

B′ 에는 언약의 주체가 되시는 여호와께서 언약을 갱신하실 것을 밝히시며 이방민족과는 언약 체결하지 말 것을 명령하시고 절기법과 초태생과 관련되는 율법을 주심으로 언약의 조건으로서의 율법의 기본내용을 약술하셨음이 기록되었다.

M 은 언약갱신 B′ A′ 가 이루어지기 전 다시 한 번 하나님께 경배하며 금송아지 숭배로 하나님과 백성들 사이에 단절을 가져온 이스라엘 백성의 죄를 영원히 용서하시고 이스라엘을 주의 기업으로 삼아달라는 모세의 간구가 기록되어 있다.

M이 본문의 핵심이라 하는 것은 언약 갱신은 이스라엘을 진정한 하나님의 택한 백성으로 회복시키는 것을 목적으로 하며 하나님 백성답게 삶을 규정하는 성격을 지니기 때문이다. 본문은 하나님의 부르심과 그에 응답한 이스라엘 및 모세의 순종으로 이루어진 언약 갱신의 전 단계를 보여주는 A B와 하나님의 율법과 십계명 두 돌판의 재수여로 이루어진 언약 갱신의 진행과정이 기록된 B′ A′ 로 이루어진 교차대구 구조의 문장이다. 비록 죄를 범했어도 회개 자복하며 하나님 앞으로 겸허히 나아간다면 자비로우신 하나님께서는 언제나 하나님 자녀로서의 신분을 회복시켜 주심을 보여준다.

11) 레 15:1-33 남자 유출병 규례

15:1-2a	P	각종 유출 규례의 서론
2b-15	A	남자의 비정상적인 유출에 대한 규례
16-17	A′	남자의 정상적인 유출에 대한 규례
18	M	남녀의 정상적인 성교
19-24	B′	여자의 정상적인 유출에 대한 규례
25-30	B	여자의 비정상적인 유출에 대한 규례
31-33	E	각종 유출 규례의 결론

A A′ 에는 남성에게서 발생하는 두 종류의 유출이 다루어지고 B′ B에선 여자의 두 종류의 유출이 다루어지며 그 중앙에 M은 정상적인 남녀 성교시 남자의 유출과 관련한 남녀의 정결의식에 대한 규정이 나온다. 또한 남자의 유출과 여자의 유출들도 각기 병으로 규정될 수 있는 비정상적인 유출(A B)과 건강한 사람이면 일반적으로 경험하는 정상적인 유출(A′ B′)로 나누어지면서 가운데 M 을 중심으로 서로 완벽하게 대칭된다.

M 에는 정상적인 성교와 관련된 규정이 나오는데 물로 씻으라
는 것이다. 복잡한 단서조항을 붙이지 않은 것은 정상적인 성생활
이 창 1:28 말씀에 근거하여(생육, 번성, 충만, 정복, 다스림) 하나님
이 복주심을 이루는 정상적인 방법이기 때문이다.

12) 레 16:29-34 대속죄일 제사 규례

29a	A	영원히 이 규례를 지킬지어다
29b	B	너희는 스스로 괴롭게 하고
29c	C	아무 일도 하지 말되
30	M	속죄하여 너희를 정결케 하리니
31a	C′	너희에게 큰 안식일인즉
31b	B′	너희는 스스로 괴롭게 할지니
31c	A′	영원히 지킬 규례라

히브리인들이 어떤 내용을 특히 강조하고자 할 때 자주 사용하는 문장기법인 교차대구법을 통하여 대속죄일의 규례는 필히 연례적으로 영원히 지켜야 한다는 사실을 강조하고 있다.

M 은 전반부 A B C가 이루어졌을 때 나타날 결과를 담고 있다. 또 M이 이루어지기 위해서라도 후반부 C′ B′ A′ 가 마땅히 전제돼야 한다는 사실을 강조하는 역할을 하고 있기도 하다. 즉 대속죄일에 행하여야 하는 모든 일은 바로 "속죄"와 "성결"을 이룰 것이며 또

진정으로 이루기 위해서라도 대속죄일에 스스로 괴롭게 하며 큰 안식일로 지내는 일이 필요하다는 사실을 매우 강조하고 있다.

13) 레 20:1-27 반드시 죽여야 하는 죄

2-6   A 우상 숭배 금지

7-9   B 성결유지의 권고

10-21   M 각종 성범죄에 대한 처벌 규례

22-26   B′ 성결유지의 권고

27   A′ 우상 숭배 금지

20장 전체는 장차 들어가게 될 가나안 땅에 사는 사람들이 흔히 행하던 가증스러운 행동들을 나열하며 하나님의 백성 이스라엘이 가나안 땅에 들어가서 그런 사악한 범죄를 행했을 때의 처벌 규정을 수록하고 있다. 먼저 하나님께서는 A와 A′를 통하여 여러 범죄 중의 하나가 아니라 아예 모든 선과 악의 궁극적 근거이신 하나님 자체를 부인하는 가증스러운 우상 숭배를 금하였으며 B와 B′를 통해서는 종교생활에 있어서 뿐 아니라 일상생활 가운데서도 성결함을 유지해야 될 것을 강조하셨고, 더 나아가 M 을 통하여서는 가장 은밀하면서도 본능적 욕구와 관련된 일에 있어서도 자신의 욕망을 자제하며 하나님의 법도를 지켜나갈 것을 명령하셨던 것이다.

성범죄는 인간 원초적 욕망 중 하나인 성욕을 자극하는 것이므로 쉽게 유혹받을 수 있고 또 외부적으로 노출이 잘 안되니까 범하기 쉬운 범죄다. 그러나 성범죄는 상대의 인격과 관계되는 이들의 신뢰와 윤리를 깨뜨릴 뿐 아니라 하나님에 대해서도 큰 범죄가 되므로 종합적 우상 숭배가 되는 것이다. 육체뿐 아니라 마음에도 혼돈과 배신 등을 겪고 돌이킬 수 없는 좌절과 복수심을 유발케 하며 사회 전반에 엄청난 불신을 일으키는 박테리아이며 이웃을 사랑하라는 계명을 무시하게 됨으로 규약 위반자로 하나님의 심판을 받아 마땅하게 되는 것이다.

14) 민 11:1-25:5 광야에서
이스라엘 백성의 중대 범죄들

출 32:1-35　　　A 금송아지 우상 숭배

민 11:1-35　　　　B 만나에 대한 불평

　　12:1-16　　　　　C 미리암과 아론의 모세 비방

　　13:1-14:45　　M 가데스바네아 대반역 사건

　　16:1-50　　　　　C' 고라일당의 반역 사건

　　21:4-9　　　　　B' 백성들의 불평

　　25:1-5　　　　A' 바알브올에게 부속됨

　　하나님은 이스라엘 백성을 택하셔서 애굽 노예신분에서 가나안 땅으로 인도하시면서 많은 이적과 기사를 행하셨다. 그럼에도 이스라엘 백성들은 거듭 하나님을 배반하고 능력과 은혜를 부인했다. 위의 7가지 내용은 이스라엘 백성들이 시내산에서부터 가나안 입성을 눈앞에 둔 모압 평지에 이르기까지 하나님과 하나님의 종을 향해 자행한 주요 범죄 행위들을 정리한 것이다. 이렇게 정리해 볼 때이 역시 상호대칭을 이루는 교차대구 구조이며 그 중앙에 13장 14

장에서 언급되는 가데스바네아의 대 반역사건이 위치하고 있다. 저자가 이 범죄들을 부각시키고 이같이 특이한 구조로 배열시킨 것은 이들의 악함과 그로 인해 야기된 각종 범죄의 본질이 무엇인지를 확연히 부각시키기 위한 의도 때문이다.

A 는 선택받은 하나님의 백성이 이 땅에서 가져야 할 삶의 기준을 받기 위해 모세가 시내산에 올라간 바로 그 상황에서 발생한 금송아지 사건이다. 율법을 계시하는 그 시간 우상 숭배 사건이 일어난 것은 모든 범죄의 근본적 성격이 무엇인가를 보여준다. 모든 범죄는 근본적으로 하나님을 버리고 다른 것을 좇아가는데 뿌리를 두고 있다. 이런 사실은 A와 대응되는 위치에 있으며, 출애굽시대 이스라엘 백성의 주요범죄 관련기사의 끝부분에 해당되는 A′ 역시 바알브올 우상 숭배 사건을 다룬다는 점에서도 잘 드러난다. 모든 범죄의 본질은 우상 숭배에 있다. 하나님께 제일의 가치를 두지 않는 데 있음을 강조한다.

B 는 하나님이 초자연적 이적을 통해 광야에서 식량문제를 해결해 주셨는데도 불평하는 내용이다. 하나님의 크나큰 은혜는 너무 쉽게 망각하는 대신 신앙생활 중에 일어나는 사소한 불편함은 조금도 참지 못하는 배은망덕과 조급함에서 촉진되는 경우가 많음을 보여준다. 이 사실은 B와 대응하는 B′ 에서도 확인된다. 광야를 돌며

마음 상하고 기름지지 못한 음식물로 불평하는 내용이다. 하나님 은혜는 쉽게 망각하고 육신적 괴로움을 참지 못해서 발생하는 범죄라는 점에서 B와 동일한 성격의 범죄다.

그리고 C 는 미리암과 아론이 모세를 비방하는 범죄사건이다. 표면상으로는 모세가 구스 여인을 취한 일에 대한 비방으로 시작했으나 실제적으로는 하나님께서 모세에게 주신 지도자로서의 권위를 차지하고 싶은 동기에서 야기된 것이다.

이는 인간의 범죄 가운데 명예욕과 권력욕을 충족시키려는 욕구가 각종 범죄의 중요 동기가 됨을 보여준다. 이런 사실은 C와 대응을 이루는 C′ 에서도 잘 드러난다. 이스라엘 사회에서 지도층에 있었던 고라 일당이 모세와 아론의 정치, 종교적 영도권에 도전하여 일어난 범죄 행위다. C와 C′ 는 똑같이 세속적 명예욕이나 권세욕을 채우려고 심지어 하나님께서 부여하신 지도자의 권위와 이스라엘 선민사회 전체의 질서까지 무너뜨린 사건이다.

M 은 가데스바네아에서의 대반역 사건이다. 모든 군중이 가나안 정복이 불가능하니 애굽으로 돌아가자는 것인데 이는 ① 약속의 땅으로 인도하여 당신 백성으로 삼으시려는 출애굽 구원 사건의 근본 목적 ② 하나님의 능력과 주권 ③ 유일신 절대적 하나님의 존재와 지위 모두를 송두리째 부정하는 중대한 범죄였기 때문이다. 오

죽했으면 가나안 진입이 유보된 채 광야를 40년간이나 방황케 하시며 여호수아와 갈렙을 제외한 출애굽 1세대들을 광야에서 모두 멸절시키셨겠는가. 이후는 정처없이 유리하는 방황의 역사였고 이전엔 하나님의 보호와 복주심이 강조된 반면 이 사건 후에는 하나님의 징계가 상대적으로 강조되었다. 이는 M 이전의 A B C와 M 이후에 C′ B′ A′ 가 각기 대응관계가 성립하는 유사한 범죄였음에도 불구하고 이에 대한 하나님의 징계 양상과 정도가 큰 차이를 보인다는 점에서도 확인된다. A에 대한 징계는 금송아지 우상을 부순 가루에 물을 타 마시우고 관련자 3천명 가량만 죽였는데(출 32:20) A′ 의 징계는 염병으로 2만 4천명이나 죽게 되어 엄청난 차이를 보인다(민 25:9).

만나에 대해 불평한 B의 결과는 탐욕을 낸 백성을 그곳에 장사하는 것으로 간단히 기록(11:34)했으나 유사한 불평사건인 B′ 의 결과는 불뱀에 물려 죽은 자는 셀 수 없이 많았다(민 21:6). 미리암과 아론의 모세 비방을 다룬 C의 결과는 미리암이 일시적 문둥병자 되는 것(12:10, 15) 이었으나 고라일당의 반역사건을 다룬 C′ 의 결과는 고라에게 속한 모든 자들이 산 채로 땅 밑 음부에 빠져죽고(민 16:33) 반역에 동참한 족장 250여명이 여호와의 불로 소멸되었고(민 16:35) 이후에도 14,700명이 염병으로 죽은 것이었다(민 16:49). 이런 점에서 M은 이스라엘 백성의 광야 여정에 있어 하나의 분기점으로 M 이전과 M 이후를 선명하게 구분짓고 있다.

비교적 넓은 범위에 걸쳐 나뉘어 기록된 각 반역 사건들이 사실상 정교한 교차대구 구조를 이루고 있는 사실을 통해 먼저는 성경을 깊이 이해하면 할수록 더욱 깊은 신비와 진리를 열어보이는 하나님의 말씀임을 깨닫게 한다.

15) 민 14:1-10 가데스바네아 반역

1	A	백성들의 행동 – 밤새도록 곡함
2-4	B	백성들의 말 – 원망과 선동
5	M	모세와 아론의 행동 – 엎드러짐
6-9	B′	여호수아와 갈렙의 말 – 격려
10a	A′	백성들의 행동 – 돌로 치려함

가나안 정탐꾼 10명의 불신앙적 귀환보고를 듣고 이스라엘 군중들이 보인 반응과 이에 대한 모세와 아론 및 신앙에 의거한 보고자 여호수아와 갈렙의 상반된 태도를 교차대구법 형식으로 기록했다.

A 에는 백성들이 제 풀에 실망하여 밤새도록 곡했다는 놀람과 좌절만 나타내는 표현이 나오는 반면 A′ 에는 백성들이 돌을 들어 여호수아와 갈렙을 치려했다는 보다 격앙된 상태를 기록함으로써 그들의 불신앙이 결코 간과될 수 없을 정도로 심각해져 갔음을 부각시키고 있다. B 에는 백성들의 격렬한 원망과 한 장관을 세우고 애굽으로 되돌아가자는 구체적 행동지침까지 기록되어 있다.

이런 백성들의 말은 이와 대응되는 위치에 있는 B′ 의 여호수아와 갈렙의 신앙적 사고방식과 소신을 선언하는 말들과 극명한 대조를 이루며 신앙과 불신앙 또한 대조됨을 본다. 불신앙적 백성들은 죽음이 주어졌고 신앙인 여호수아와 갈렙에게는 젖과 꿀이 흐르는 가나안 땅이 주어졌다. 저자는 B와 B′ 를 극명히 대조시켜 두 집단에게 따로 이루어질 저주와 복을 더욱 선명히 부각시키고 강력히 시사했다.

M 에는 모세와 아론의 행동이 기록되어 있다. 교차대구 구조의 핵심인 M의 내용은 짧지만 깊은 의미가 함축되어 있다. "엎드린다"는 표현은 모든 세속적 방법이나 자기 능력 포기 및 모든 것을 하나님께 맡기는 기도를 드린다는 것이고 원망과 선동의 백성들과 직접 맞서지 않고 하나님을 전적 의지함과 겸손한 신앙의 모습을 보여주었다. 비극적인 가데스바네아 반역사건의 한 가운데서도 하나님만을 의지하는 이들의 신앙적 행동이 있었음을 부각시켰던 것이다.

오늘도 하나님을 부인하는 많은 사람들이 대세를 이루지만 이런 때에도 하나님을 향해 엎드리는 심령들이 있고 진리수호를 위해 목숨을 내어놓는 소수의 참그리스도인들도 분명 존재함을 볼 수 있는 영적 시각을 가져야 한다.

본문 전체를 볼 때 A B A′는 백성이 주체이며 M 은 모세와 아론이 주체이고, B′는 여호수아와 갈렙이 주체이다. 역사의 주관자 하나님이 주체로 나타나지 않는다. 바로 뒤에 하나님이 등장하여 심판을 선언한다는 사실도 봐야 한다.

16) 민 27:1-11 슬로브핫 딸들의 기업 분배 요청

1	A	문제의 발단
2	B	회중에게 고함
3, 4	C	청원의 내용
5	D	모세가 여호와께 고함
6	D′	여호와께서 모세에 명함
7	C′	청원의 수락
8a	B′	회중에게 고함
8b-11	A′	문제의 해결

한 가문의 가장인 남성을 중심으로 가나안 땅 분배 참여권이 허락되었던 상황에서 아버지도, 남자 형제도 전혀 없었던 슬로브핫의 딸들이 여성으로만 구성된 자기 가족들에게도 기업을 분배해줄 것을 요청했고 수락을 받게 됐을 뿐 아니라 여러 가지 특별한 경우의 상속법에 대한 보완 규례가 제정되었다는 내용이다. 1-5절은 슬로브핫의 딸들이 청원하는 내용이고, 후반부 6-11절은 하나님께서 그 청원을 수락하신 내용이다.

A 는 문제제기자의 신원을 밝히며 딸들 이름까지 이례적으로 알렸다.

A′ 는 A의 문제제기가 개별적이었던 것을 모든 상황에 대한 보편적 기본원칙 수립계기로 삼았음을 알려준다.

B 는 슬로브핫의 딸들이 청원의 대상으로 삼았던 자들이 누군지 밝힌다. 당시 이스라엘 지도자들 앞에 공식적 판결을 받기 원함이었다.

B′ 하나님이 모세로 하여금 모두에게 당신의 뜻을 전하게 통용규례 제정을 말씀하셨고

C 에는 구체적 청원내용이 나오고 C′ 에는 그 청원을 하나님께서 완전히 수용해 주심을 보여준다. 정의롭고 지혜로운 해답이다.

D 는 모세가 자기 경험이나 지혜가 아닌 하나님께 고하여 해결하려 했음을 기록했다.

D′ 는 D의 결과로 하나님께서 모세에게 응답을 주셨음을 기록했다.

여기는 M 이 없는데 이때는 역시 그 중앙에 위치한 내용 즉 D와 D′가 본문의 핵심이다. 본문 전체는 인간이 하나님께 고함(A B C D)과 하나님께서 인간에게 명함(D′ C′ B′ A′)이 대응을 이루는 이중구조다.

17) 민 35:9-34 도피성 규례 및 6 도피성 지정

9-15	P	도피성 규례 제정의 목적 설명
16-21	A	고의에 의한 살인 규례
22-25	B	실수에 의한 살인 규례
26-28	B´	실수에 의한 살인 규례
29-31	A´	고의에 의한 살인 규례
32-34	E	도피성 규례 제정의 목적 설명

서론 P 는 도피성 규례가 주어진 목적에 대한 설명이다. 복수하려는 자를 피해 정당한 판결을 받는 기회를 주기 위함이 목적이다.

A 는 고의적 살인에 대한 규정 및 처벌규례이고

B 는 이미 P에서 밝힌 바 있는 그릇 살인한 자로 판정해야 할 경우들의 실례와 이들은 도피성으로 피하여 생명을 보존할 수 있음을 다시 한 번 강조하고 있다.

이런 본문의 구조는 하나님 계시의 말씀인 성경이 죄를 지은 자의 지옥 형벌에 대한 내용도 담고 있으나 죄를 지어 죽을 수밖에 없는 운명에 처한 자가 도피성이 상징하는 바 그리스도에게로 나아갈 때 구원을 받게 된다는 구원의 복음을 그 근본 핵심으로 하고 있다는 진리와 일맥 상통하고 있다 할 것이다.

18) 신 7:1-26 가나안 족속 멸절 및 성별된 삶

1-5	A	가나안 우상 멸절 명령
6-11	B	거룩한 삶에 대한 촉구
12-16	M	순종에 따른 복
17-24	B′	가나안 정복의 확실성 증거
25, 26	A′	가나안 우상 멸절 명령

가나안에 들어가서 정복전쟁을 수행하면서 행해야 할 일을 기술했다.

A 에는 가나안 우상 멸절을 명령하며 가나안 족속들을 내쫓는 이 주체가 하나님이심을, 그리고 가나안 족속과는 언약도 통혼도 하지 말라는 명령이다. 철저히 우상 숭배를 원초적으로 막기 위해서다.

A′ 에서는 다른 명령은 모두 생략되고 우상 멸절 명령만이 나온다는 점에서도 확인된다.

B 에는 가나안에 들어갈 이스라엘 백성들이 성별된 삶을 살아야 한다는 촉구가 나온다. 하나님의 선택과 도우심으로 가나안에 들어가니까 하나님의 사랑에 반응으로 명령을 준수하는 성별된 삶을 살아야 했던 것이다.

B′ 에서는 가나안 정복이 하나님께서 함께 하심으로 확실히 이루어질 것임을 강조하고 있다.

M 에는 여호와의 율법을 준수할 때 복을 주시는 내용이 나온다. M 전반부(12-15)에는 율법준수 때 따르는 복이 강조된 반면, 16절엔 다시 한 번 가나안족과 우상을 진멸하라는 명령이 나온다. 이는 우상중심의 문화가 아닌 여호와 중심의 신문명을 만들기 원하시는 하나님의 뜻이다.

19) 신 9:1-6 교만의 위험에 대한 경계

1, 2   A   이스라엘의 가나안 정복

3   B   하나님께서 약속대로 앞서 가심

4a   C   이스라엘의 교만에 대한 경계

4b   M   가나안 족속의 축출 원인은 그들의 악함에 있음

5a   C′   이스라엘의 교만에 대한 경계

5b   B′   하나님께서 맹세대로 가나안족을 쫓아내심

6   A′   이스라엘의 가나안 정복

가나안에 들어가서 하나님의 복을 누리고 사는 것이 제일 중요한데 이 때 주의할 일은 스스로 교만하여 하나님의 은혜를 잊어버리고 죄악 가운데 거하는 일이다. 본문에서 하나님은 이스라엘의 망각과 교만을 사전에 엄히 경계하신다. 교차대구법을 사용하여 교만할 수 없는 이유와 교만할 때 되어질 일들을 효과적으로 전달한다.

A 가나안이 강대함에도 정복되는 것은 그들이 교만하고 하나님의 놀라운 능력 때문이므로 이스라엘이 교훈으로 받아야 했다. 가나안 정착 후 교만에 빠지면 똑같은 취급을 받을 수 있음의 예

고이다.

A′ 역시 가나안 땅이 하나님께서 기업으로 주신 땅임을 밝힌다.
그러면서 이스라엘도 교만한 백성으로 직접 지적하신다.

B 가나안 정복 약속이 어떤 방법을 통하여 이루어지는지를 밝히는 보다 더 진전된 내용이 수록되어 있다. 즉 이스라엘 백성보다 앞서 나가 가나안족속을 파할 것이 명시된다.

B′ 에서는 가나안족속 축출이 하나님의 신실한 맹세에 근거함으로 결코 변경될 수 없음을 밝히는 것이다.

C 에서는 그 땅에 들어간 이스라엘 백성이 마음에 품을 수 있는 "나의 의로움을 인하여 … 그것을 얻게 하셨다"라는 교만한 생각을 절대 가져선 안 됨을 밝힌다.

C′ 에서도 C와 같은 생각을 가지면 안되는 이유와 가나안정복이 이스라엘의 의로움이나 정직에 있지 않음을 밝혀 교만함을 품을 근거가 전혀 없음을 보여준다.

문단 전체의 주제나 핵심을 반명하는 M 에서는 모든 내용이 응축되어 있다. 교만을 필요로 하는 모든 악은 필히 하나님의 저주를 받을 수밖에 없다는 영원한 명제로 귀결되고 있다.

20) 신 15:2-3 안식년 채무 면제 규례

15:2   **A** 무릇 채주는 그것을 면제하고

            B 그 이웃에게 꾸어준 (것을)

                C 독촉하지 말지니

                    D 이웃에게나 그 형제에게

              M 이 해는 여호와의 면제년이라 칭함이니라

15:3   **D′** 이방인에게는

                C′ 네가 독촉하려니와

            B′ 네 형제에게 꾸인 것은

        A′ 네 손에서 면제하라

한글개역성경 번역은 원어 성경 순서와 달라 다소 모호한 면이 있으나 원어성경으로 본문을 볼 때는 교차대구 구조가 매우 선명하게 잘 드러나고 있다.

A 안식년에는 채주가 채무를 면제하여야 한다는 직설적 선언으로 시작된다.

A′ 에서도 채무 면제를 재명령하는 것으로 되어 있다. 본문 전체

주제가 "면제"이다.

 M 에도 동일하게 "솨마트"가 등장한다(자유롭게 하다, 놓아주다, 떨어뜨리다).

 B 와 B′ 에서는 동일하게 안식년에 면제해야 할 것이 무엇인가를 밝힌다. "그 이웃에게 꾸어준 것"과 "네 형제에게 꾸인 것"이다.

 C D 와 D′ C′ 에는 각각 안식년이 되었을 때 형제와 이웃에게는 채무 변제를 독촉하지 말아야 하나 이방인에게는 독촉할 수 있다는 것이다.

 M 은 안식년 채무면제 규례가 모두 여호와의 면제년과 관련된 규례의 일부에 해당됨을 나타낸다. 한글성경에서 "라이흐와"를 "여호와의"로 번역했으나 "여호와를 위한"이다. 채무 면제 규례를 여호와께서 제정하셨으니, 규정을 지키는 것이 여호와를 위한 순종이라고 보는 것이다. 규례 중심에 여호와가 계심을 봐야 한다. 성경에 나오는 모든 규례는 인간이 제정한 인간 중심적인 법이 아니라 본질적으로는 하나님께서 제정하신 하나님 중심사상을 담고 있다는 점에 유념해야 한다.

21) 신 28:7-13 순종에 따른 민족적 복

7	A	외국과의 관계에서의 복
8	B	국내 문제에서의 복
9, 10	M	하나님의 말씀에 대한 순종의 촉구
11, 12a	B′	국내 문제에서의 복
12b, 13a	A′	외국과의 관계에서의 복

A 하나님 말씀에 순종하면 외국과의 전쟁에서 승리하게 될 것을 밝힌다. 그러므로 군사력을 키우는 것보다 우선은 자신들의 정체성을 인식하고 하나님의 말씀에 순종하는 것이다.

A′ 경제, 외교, 문화적인 측면에서 주어질 하나님의 복을 다루었다. 그러나 A와 A′는 외국과의 관계에 있어서 우위를 나타낸다는 점에서 공통점을 갖는다. 하나님 말씀에 순종하면 경제강국으로 타민족에 꾸어주며 존경받는 위치에 있게 될 것을 밝힌다.

B 광야에서 방황하던 이스라엘 백성이 땅을 얻게 되고 모든 일이 형통하게 될 것이라는 복의 선언은 가슴 벅찬 기쁨이다.

B' 많은 후손, 육축 새끼, 토지 소산이 많아진다는 구체적 복의 묘사가 펼쳐진다.

M 하나님 명령에 대한 순종 촉구의 내용이다. 순종 여하에 따라 주어질 결과라는 것이다. 또 여호와의 성민이 되는 복을 빼놓을 수 없다. 가장 귀한 복이며 모든 복의 출발점이 된다.

22) 신 31:9-30 배교와 심판 예언을 주제로 하는 "증거의 노래"

A 모세가 하나님으로부터 받은 율법을 말로만 전한 것이 아니라 글로 써서 남겼고 제사장과 장로들이 보관하고 후대에 전하며 특히 매 면제년의 초막절마다 즉 7년에 한 번씩 말씀을 낭독하여 이스라엘 백성으로 하여금 여호와 경외하기를 배우게 할 것을 지시한 사실이 기록되어 있다.

A´ 에서도 동일한 내용이 나온다. 이는 이스라엘 시작과 끝이 즉 삶 전체가 하나님의 말씀에 입각한 삶이 되어야 한다는 사실을 강

력히 시사한다.

B 와 B′ 는 여호수아가 모세를 계승하는 이스라엘 백성의 지도자로 위임받았음이 기록되어 있다. 이 사실이 2번에 걸쳐 거듭 기록되었는데 이것은 신적 위임을 받았다는 것으로 누구도 이의없이 수용해야 할 것임을 보여주기 위함이다.

C 에는 이스라엘의 배교와 이에 대한 하나님의 심판이 예고되어 있다.

C′ 에서는 배교와 심판이 일방적 예언으로 끝나는 것이 아니라 노래로 지어 백성들에게 가르치라는 하나님의 명령과 모세의 즉각적인 순종이 기록되어 있다. 하나님은 이스라엘의 배교를 다 아시면서도 계속 선민으로 남겨두시고 복을 주시는바 이스라엘은 언제라도 돌이켜 순종할 것을 역설적으로 촉구하기 위해서다. 이 노래가 증거의 노래라고 불렸던 것이다. 이것이 모세가 남긴 유훈의 심오한 본질이요 실체였다.

23) 수 13:1-21:45 실로 회막 건립과 기업 분배

13:1-7	P	미정복 지역에 대한 하나님의 분배 명령
8-33	A	요단 동편 지역의 기업 분배
14:1-5	B	요단 서편 지역의 기업 분배의 원리
6-15	C	갈렙의 기업 획득
15:1-17:18	D	유다와 요셉 지파의 기업 분배
18:1-10	M	실로 회막 건립과 나머지 지파들의 기업 분배 재개
18:11-19:48	D′	나머지 일곱 지파의 기업 분배
19:49-51	C′	여호수아의 기업 획득
20:1-9	B′	도피성 운영의 원리
21:1-42	A′	레위인의 성읍 분배
43-45	E	기업분배의 결론

P 여호와께서 가나안 정복전쟁의 선봉장 여호수아에게 요단 서편의 가나안 땅 즉 가나안 본토를 분배하는 주체가 될 것을 명령하는 내용으로 하나님의 섭리 간섭이 시작임을 못박아 둔다.

E 는 결론도 땅 주시겠다는 여호와의 약속이 이루어짐을 강조

하며 전체를 마감한다.

A 에는 모세에 의해 이미 이루어진 요단 동편 땅의 분배를 회고하는 내용이다.

A′ 이스라엘 여러 지파에 흩어져 살게 된 레위지파의 거주 성읍에 관한 내용이 나온다. 레위지파는 말씀을 연구, 해석하여 교육을 하며 집회를 담당해야 하므로 각 지파 속에 배속되었고 요단 서편 땅의 분배에 즈음하여 땅 분배도 받았다고 A와 대구하고 있다.

B 요단 서편 땅 분배 방법과 대상과 관련 땅 분배 원리가 기록됐다.

B′ 도피성 규례에 대한 기록이다. B와 B′에서 땅은 모두를 위한 복과 구원의 땅이 되어야 한다는 즉 땅 분배의 주체와 분배된 가나안 땅의 근본적 의미를 함께 시사하고 있다는 통일성이 있다.

C 에는 갈렙에게 특별 기업이 분배된 내용이 나온다. 이에 대응하는 C′ 에는 여호수아에게 특별기업이 분배된 내용이 나온다. 신실한 믿음을 통한 가나안 땅, 기업 취득을 기억하게 한다.

D 에는 유다지파와 요셉지파의 기업분배가 기록되고 D′ 에는 7지파가 요단 서편에서 기업 분배 받는 내용이 나온다. D에서 언급한 유다지파와 에브라임지파는 장차 남유다와 북이스라엘의 중심

지파가 되는 등 역사의 흐름에 크게 영향을 줄 대표적 지파들이었던 바 미래 역사를 암시하는 것이기도 하다.

M 실로에서의 회막 건립과 나머지 7지파에 대한 기업 분배를 재개하는 내용이다.

① 가나안 중앙에 있는 실로에 하나님의 회막을 세웠다는 것은 본토 전부가 하나님께서 임재하시는 하나님의 땅이 되었으며 그 땅에 하나님의 섭리와 은혜가 풍만할 것을 선언하는 행위였고

② 여호수아가 땅 분배에 소극적인 나머지 지파들을 책망했다는 것은 하나님 백성 자격 미달이라는 것이다. 이런 영적 미성숙은 하나님의 복을 완전히 누리지 못하고 사사시대를 거치며 타락하여 우상 숭배로 변질하다가 이방족의 압제라는 새 국면을 맞게 된다.

24) 삿 3:7-16:31 사사시대의 중요한 7 인물

3:7-11	A	첫 번째 사사 옷니엘
12-30	B	왼손잡이 사사 에훗
4:1-5:31	C	여자 사사 드보라
6:1-8:35	M	삼백 용사의 명장 기드온
9:1-57	C´	스스로 왕이 된 아비멜렉
10:6-12:7	B´	기생 아들 입다
13:1-16:31	A´	비극의 사사 삼손

본문 본론부의 중요 일곱 인물 기사 전반은 교차대구 구조로 구성되어 있다. 7대 인물의 행적기사를 살펴보면 구성력을 가진 저자가 치밀하게 계산하여 본서를 저술했음을 알 수 있다.

A 에는 옷니엘의 활약상이 나온다. 모든 사사들의 행적기록 바탕에 깔려있는 전형적 패턴인 범죄, 구원, 재범죄의 악순환 구조가 선명히 드러난다. 범죄, 징계, 회개, 하나님 구원으로 일시적 평화, 은혜 망각, 재타락이 선명히 기록되었다.

A′ 는 96절의 긴 내용이다. 전형적 패턴은 같으며 반목, 배반, 죽음 등 인간역사의 비극이 이어진다. A의 옷니엘 아내는 갈렙의 딸 악사로 경건하고 지혜로운 여인이었으나 A′ 에 나오는 삼손의 아내는 간교한 블레셋 여자였다. 삼손은 기생 들릴라와도 깊이 사귀었다. A의 옷니엘의 건실함과 성공적인 사사직 수행은 이후 사사들의 역할에 기대감을 고조시켰고, 삼손의 비정상적 생활과 비극적 최후는 사사들의 역할에 깊은 회의와 걱정을 불러일으켰다.

B 에는 에훗이 등장한다. 오른손 불구자로 천대 받았다.

B′ 에는 입다가 등장한다. 기생의 아들인데 집에서 쫓겨나 잡류들과 어울렸던 자였다. 에훗의 투쟁대상은 모압이었고(롯과 큰 딸의 후손) 입다의 투쟁상대는 암몬이었다(롯과 작은딸의 후손). 군사작전의 근거지가 요단 나루터라는 것도 공통점이다. 그러나 다른 점은 입다가 무모한 서원으로 딸을 제물로 바쳐야 했다는 것과 내전이 일어나자 동족인 에브라임 사람들 4만 2천명을 죽였다. 그러니까 A시대보다 A′ 시대가 범죄양상이 심화되었던 것처럼 B와 B′도 기본패턴은 동일하면서도 B보다 B′ 당시가 더 악화되었다는 것이다.

C 에는 여자 드보라의 활약상이 기록됐다. 드보라는 하나님으

로부터 부름받아 이스라엘을 위기에서 구한 사사이다. 장막 말뚝으로 야빈의 군대장관 시스라를 죽인 헤벨의 아내 야엘 이야기도 있다.

C′ 에는 70명 형제를 살해하고 갖은 권모술수를 동원하여 이스라엘 일부지역의 왕위를 차지한 아비멜렉의 준동과 파멸이 기록됐다. 아비멜렉을 맷돌로 죽인 이름 모를 여인의 이야기도 있어 C와 대응된다. 갈등과 동족상잔의 비극이 역사의 표면에 등장하게 됨을 보게 된다.

M 에는 300명 용사로 135,000명의 적을 무너뜨린 사사기 가운데 가장 크고 영광스러운 사건인 기드온의 행적기사가 나온다. 역시 전쟁의 승리는 순전히 하나님의 도우심이라는 것이다.

다른 어떤 부분보다도 여호와의 사자의 잦은 등장과 임재의 다양한 표징 또 여호와의 직접적 지시가 많이 기록된 M을 사사기 근간을 이루는 중앙에 배치한 것은 하나님의 역사하심이 승리의 근원임을 보여주며, 하나님의 백성 이스라엘은 끝없이 배신과 범죄를 반복하지만 이스라엘의 하나님이신 여호와는 자기의 백성들에게 언제나 승리와 영광을 주시기 원하시며 또 그렇게 하실 능력이 있으심을 보여주기 위해서이다. 기드온은 자기와 후손을 왕으로 추대하려는 백성들의 요구를 단호히 거부한다.

"여호와께서 너희를 다스리시리라" 여호와의 왕 되심에 대한 위대한 선포도 나온다(8:22, 23). 뒤이어 나오는 C'에서는 인간적 계교로 스스로 왕이 되는 사건이 나오고 바로 여자에 의해 비극적 죽음으로 끝나는 내용이 기록됨은 인간 왕의 한계를 보여줌으로써 하나님의 왕 되심을 더욱 설득력있게 부각시킨다. 실존 사사들의 역사적 행적을 치밀한 구성으로 재정리하여 각 인물들의 배후에서 역사하시고 구속사를 주관하시는 하나님의 사역을 부각시킨 고도의 일관성을 지닌 책이라는 사실을 보여준다.

25) 삼하8:15-18 다윗의 공평무사 통치와
고위관료임명

15	A 왕 – 다윗
16a	B 군대장관 – 요압
16b	C 사관 – 여호사밧
17a	M 제사장 – 사독과 아히멜렉
17b	C´ 서기관 – 스라야
18a	B´ 그렛 사람과 블렛 사람 관할자 – 브나야
18b	A´ 대신 – 다윗의 아들들

A 에는 왕이란 직접적 표현이 나오지 않는다. 이는 의도적이다. 신정왕국을 소개할 때 왕은 오직 하나님이며 다윗은 하나님 통치를 대행하는 자일 뿐이라는 것이 숨은 의도다.

B 에는 군대장관 요압이 소개되고 있다. 정복전쟁을 계속해야 하는 당시 상황에서 군대장관의 직무가 중요하기 때문이다. 용맹과 지략이 뛰어난 요압은 통일 이스라엘 왕으로 다윗을 세우는 데 지대한 공헌자다.

C 에는 사관 여호사밧이 소개되는데 문관으로 역사와 주변국의 전례를 고찰하여 국가와 조정의 중요한 행정업무를 조정, 감독, 조언하고 왕명을 신하들에게 전하는 업무를 수행한다.

 M 에는 두 명의 제사장이 소개된다. 신정국가의 제사장 역할은 단지 종교적 부분에만 국한되지 않고 국가의 존재와 일치, 국가정체성 확보에 중요한 일을 감당했다. 중요 현안에는 다 참여했다. 그래서 관료 명단에 포함시킨 것이다. 그런데 중심에 위치한다는 것은 결정적 큰 의미를 갖는다. 신정국가에선 가장 기본이 되는 중요 직책이란 사실을 보여주려는 것이다. 다윗의 아들들보다 중요한 존재들로 인정 받았다는 뜻이다.

 C′ 에서는 스라야 서기관이 소개된다. 왕의 비서 또는 내무대신과 같은 존재로 문관이니까 C와 대응하는 위치에 배려했다.

 B′ 에는 그렛 사람과 블렛 사람을 관할하는 브나야가 소개된다. 왕의 안전을 책임지던 왕의 직할부대 통솔자이다. 대외적 전쟁수행 통솔자를 B에 밝혔으니, 왕의 직할부대 통솔자를 B′에 대비시킨 것이다.

 A′ 에는 다윗의 아들들이 대신이 되었음을 밝혔다. 궁정자문관,

왕의 조언자들이다. 이름을 밝히지 않았다. A의 다윗과 대응하기 위해 A′에 다윗의 혈육 아들들을 소개하지만 이름을 소개하지 않은 것은 역할이 두드러지지 않았거나 혈연을 다윗이 중시하거나 높여 주지는 않았던 것으로 볼 수 있다.

하나님을 통치의 중심에 두고 다윗은 하나님의 대리자로, 제사장을 구조중심에 두고 그 주위에 문관(C C′)과 무관(B B′)을 배치하는 것을 통하여 이스라엘의 통합 구심점이 바로 하나님을 향한 예배에 있었다는 사실과 신정정치 구현이 다윗 왕국의 기본통치 이념이었다는 기록이다.

26) 느 4:7-23 성벽 재건공사

7-12	A	대적들의 군사적 위협에 대한 유다 귀환민들의 반응
13, 14	B	위기 상황에 직면한 느헤미야의 대처
15-18	M	성벽 재건 공사의 중단 없는 진행
19, 20	B′	위기 상황에 직면한 느헤미야의 대처
21-23	A′	대적들의 군사적 위협에 대한 유다 귀환민들의 반응

느 4장은 성벽 재건공사 과정에 있었던 위기 상황과 이에 대한 극복을 다룬다. 재건공사가 진행되어 둘레가 연결되고 난 후 성벽 높이를 절반 가량 쌓았을 때까지 대적들의 방해는 단순한 조롱이었고 이에 대한 대처는 느헤미야의 기도였지만 그 이후 성벽 공사가 완료될 때까지 대적들의 방해는 심각하였으며 이에 대한 이스라엘 자손의 대처가 더욱 구체적으로 묘사됐다.

A 성벽 재건공사에 대한 대적들의 심리적 반응이 나온다. 1절보다 7절에 대적들의 정체가 확대 제시되어 대적의 저항이 한층 더 확산되고 강화될 것임을 암시했다. 대적들은 군사동맹까지 맺었다.

때문에 이스라엘 자손들은 사기가 저하되고 과중한 부역에 불평과 탄식이 나왔다. 하나님 일을 할 때도 위기는 찾아오며 기도하고 대비책을 세우나 상황 호전은커녕 더 악화될 수도 있다는 것이다. 그러나 절망적 상황에서도 용기 잃지 않고 해결책을 찾는 것이 뛰어난 지도자의 요건이다.

B 이때 느헤미야가 백성들을 독려하는 말이 신 7:21을 연상시킨다는 점이다. 현재 위기도 선정국가로 출범할 때와 같이 하나님의 뜻을 실현하는 일이며 거룩한 전쟁이며 반드시 성공할 수 있다는 것이다. 출애굽하여 가나안 정복 때와 같은 당위성과 여호와의 능력의지를 천명했다.

M 에는 대적들의 준동과 백성들의 좌절로 중단될 위기에 처했던 재건공사가 대적의 공격에 대비한 군사적 예비조치가 취하여진 상태로 계속 진행되었음을 밝힌다. 느헤미야의 독려와 선민공동체의 처신은 위기상황에 직면하여 하나님의 백성들이 어떻게 처신해야 하는지를 보여주는 귀감이 되게 했다. 그러나 보다 근본적 승리는 하나님께서 대적들의 도모를 무력화 시킨 탓이었다(15절).

B′ B와 마찬가지로 위기상황에서의 느헤미야의 지혜로운 대처가 소개된다. B와 B′는 주제가 일치할 뿐만 아니라 느헤미야가 격

려하는 대상들까지 일치시켜 상호 대응됨을 부각했다. B′에서 중요한 내용은 "우리 하나님이 우리를 위하여 싸우시리라"라는 느헤미아의 선언이다.

A′ A에 나오는 대적들의 군사적 위협에 대한 유다 귀환민들의 반응이 너무나 무력했던 반면, A′에 나오는 유다 귀환민들의 반응은 너무나 조직적이고 헌신적이고 철저했다는 점에서 커다란 차이가 있다. 완전히 다른 반응이 나올 수 있었던 것은 성벽 재건공사를 하나님께서 명하신 거룩한 전쟁의 한 과정으로 이해했기 때문이며, 하나님께서 이런 자기 백성과 함께 하셔서 대적의 계략을 무력화시켰기 때문이다. 성벽 재건공사는 단순한 건축사업이 아니라 사탄의 세력에 대항하여 하나님나라를 확장시키는 거룩한 전쟁의 한 과정임을 강조하고 있다.

27) 욥 35:1-16 일반인(세인)과 욥에 대한 엘리후의 교훈(비판)

2-8   A 욥에 대한 비판
9-13   M 세인에 대한 비판
14-16   A′ 욥에 대한 비판

욥기 32-37장은 지금까지 3-31장 사이에서 욥과 세 친구가 불꽃 튀는 격론을 벌이는 동안 참관자로서 침묵하고 있던 엘리후가 새로 등장하여 네 차례에 걸쳐 중재 변론을 하는 내용을 다룬다. 엘리후의 중재 변론은 권선징악이라는 도식적 도그마 하나만을 가지고 일반적으로 욥을 정죄하면서 회개만 강요하던 앞선 세 친구들의 변론에 비하면 상당히 진전된 면모를 보인다. 엘리후는 먼저 욥이 자신을 성찰하도록 유도하고, 욥의 고난이 연단을 위한 목적일 수도 있다고 보았을 뿐 아니라 하나님의 절대 주권과 오묘한 섭리에 초점을 맞추어 욥의 고난을 폭 넓게 이해하려 했다.

그럼에도 엘리후 역시 욥의 고난의 실상을 완전히 이해하지는 못했고, 그의 변증을 수용하기보다 그의 고난은 맞먹는 부정과 불의 때문이라고 전제하고 회개를 촉구했다(34:31, 32). 또 욥이 고난 중에도 신앙을 잃지 않았는데도 신앙을 버린 것으로 정죄했고(36:17-23) 명백한 사실 규명에 대한 노력이나 배려는 없이 세 친구들과 동일하게 권선징악 논리만 적용시켰다.

엘리후 변론의 이러한 특성은 4차에 걸친 중재변론 가운데 3차 변론으로 수록된 본장에서도 잘 드러나고 있다. 본 장은 비판의 대상을 기준으로 보면 욥 개인에 대한 비판(A,A′)을 앞뒤에 두고 보편적 세상 사람에 대한 비판(M)을 가운데 배치하는 교차대구 구조로 되어 있다. 그리고 각 부분은 다시 각자의 과오를 지적하는 부분과 이에 대한 엘리후의 교훈을 다루는 부분으로 나누어진다. 따라서 이 부분은 동시에 아래와 같은 평행대구 구조로 볼 수 있다.

2-4   a1 욥의 과오 지적
5-8   b1 엘리후의 교훈

9-11   a2 세인의 과오 지적
12, 13 b2 엘리후의 교훈

14   a3 욥의 과오 지적
15, 16 b3 엘리후의 교훈

이러한 내용구조는 엘리후가 욥을 비판하는 것에 그치지 않고 이를 계기로 보편적인 사람들의 잘못을 비판하는 데까지 나아가고 있다. 욥도 일반적 성향을 따라 범죄했다는 시사이다.

평행구조

a1 자기의를 하나님보다 더 내세우는 듯한 욥의 진술을 인용하여 비판의 소재로 삼음

b1 하나님 앞에서의 인간 고유의 의의 상대적 무용성 강조

a2 보편적 사람들은 고통 중에 부르짖으나 진정으로 하나님을 찾는 자 없다

b2 이것이 하나님께서 기도에 응답하지 않으시는 이유라 함

a3 회개하지 않고 하나님과 시비 가리려 한다고 정죄(하나님은 볼 수 없고 심판 내릴 것을 기다리겠다고 욥이 말함)

b3 욥이 자기 의를 계속 주장하는 것은 아직 완전한 징벌을 받지 않은 자의 교만일 뿐이라 함

교차대구법으로 보면 욥을 비판하면서도 보다 강조하는 Main Theme(M) 중앙에 보편적 세인에 대한 비판을 배치한 것은 욥만 비판한 앞의 세 친구보다 엘리후의 시야가 더 넓었고 선지자적 사명이 더 컸다는 것이다. 엘리바스, 빌닷, 소발이 각각 신학자, 역사가, 도덕가로서의 면모가 강했던 반면 엘리후는 이런 면모에 교육가로서의 면모까지 현저했음을 보여준다.

28) 사 52:13-53:12 "고난받는 주의 종의 노래"

52:13-15	A	종의 수난을 통한 승귀에 대한 서론적 선언
53:1-3	B	종의 수난에 대한 그릇된 평가
4-6	M	종의 수난에 대한 바른 평가
7-9	B′	종의 수난에 대한 그릇된 평가
10-12	A′	종의 수난을 통한 승귀에 대한 결론적 선언

　이사야서의 예수 그리스도 관련 예언들 중에서도 백미는 주께서 여호와의 종으로서의 여러 면모를 지니고 있음을 보여주는 4편의 "여호와의 종의 노래"로 너무 유명한데 그중 네 번째 노래는 여호와의 종이 겪게 될 고난의 동기와 양상과 목적과 결과까지가 가장 포괄적이고도 구체적으로 다루어져서 "고난받는 주의 종의 노래"라 불린다. 이 노래는 특정주제를 부각시킬 때 사용하는 고도의 수준 높은 문예 장치인 교차대구 구조로 되어 있어 구조적 분석을 요하는 명문장이기도 하다.

A 는 이미 구속 수난을 성취하신 이후의 시점에서 종의 수난이 최종적으로 가져올 종의 승귀에 대해 우선 선언한다. 종의 수난이 결국 영광과 환희, 복과 승리로 귀결될 것임을 미리 선언함으로써 나약해서나 과실 때문이 아니라 여호와의 뜻을 이루기 위해 스스로 택한 사건이었음을 미리 부각시킨다. 수난보다 더 강조되는것은 승귀다(13, 15절).

B 에서는 사람들이 위대한 구속사역 성취의 과정일 뿐임을 알지 못해서 예수가 일반 인간인지라 연약하니까 징벌당한다고 하며 멸시, 천대할 것이 예언된다. 그러나 하나님의 구원이 연약하고 초라하게 낮아지신 여호와의 종의 수난을 통해 이루어진다는 놀라운 구속사적 비밀에 대하여 경의와 찬탄을 유도하는 효과를 거둔다.

M 에서는 여호와의 종의 수난에 대한 바른 평가를 제시함으로 여호와의 종의 수난에 대한 본질과 진정성을 밝히고 있다. B에 나오는 그릇된 평가가 전혀 잘못된 것임을 지적한다. 주의 고난은 마땅히 우리가 받아야할 것인데 대속을 위해 주께서 받으셨다는 것이다 (5절).

B′ 는 대응되는 B와 마찬가지로 여호와의 종의 수난에 대한 그릇된 평가에 초점을 맞추고 있다. 또한 여호와의 종은 극심한 수난

과 그릇된 평가에도 철저히 인내함을 강조하고 있다. B′는 B에서 보다 종의 수난에 대해 한층 강화된 표현을 사용했다(점층법).

A′는 A처럼 여호와의 종의 수난을 통한 승귀를 다룬다. 그런데 A는 사람들과의 관계에서 다루었고 종의 수난과 승귀에 대한 결론적 선언인 A′는 주제는 같으나 주로 여호와와의 관계에서 다룬다. 즉 인간구원을 위한 하나님의 원대하고도 치밀한 계획에 따른 필연적 사건임을 시사한다. 여호와의 종이 자신이 이룬 수난을 통해 많은 사람을 의롭게 하고 그들의 죄악을 친히 담당하게 되었다는 사실이다.

05

성경에서 교차대구 구문을 찾아 도표 만들기 연습

1) 문학의 장르를 대별하고(시문학, 역사, 예언, 율법, 계시 등)

2) 중요 사건들을 역사적 순서로 나열하고

3) 각 장의 흐름을 구별한 문단을 세별해야 한다

신약 복음서에서 문단을 나눌 때 힌트

문단이 바뀔 때 마태, 누가복음은 장소가 주로 바뀌고

마 5:1~8:1(산에, 산에서)

마 8:5(가버나움), 8:14(베드로의 집), 8:28(가다라지방),

마 9:1(본동네), 17:24(가버나움), 19:1(유대지경),

눅 1:26(나사렛), 4:1(광야), 7:11(나인성), 8:26(거라사),

눅 17:11(갈릴리 사이), 19:1(여리고), 20:1(성전) 등등

요한복음은 시간이 바뀐다

요 1:29(이튿날), 35(이튿날), 2:1(사흘째 되던 날)

요 2:13(유월절이 가까운지라), 2:23(유월절), 3:2(밤),

요 4:6(여섯 시쯤), 5:1(그후에), 6:22(이튿날), 7:2(초막절이 가까워),

요 7:37(명절 끝날), 8:2(아침에 다시), 10:22(수전절이 이르니) 등등

4) 같은 사건이 연속될 때 가운데 문단을 살펴보기

　　행 2:14 베드로 설교~3:11 베드로 설교,

　　행 7:2 스데반 설교~7:54 스데반 순교,

　　요 7표적과 그 사이, 신약 교회별 고찰,

　　절기와 절기 사이, 구약 성전 변천,

　　중요연대기 사이 등

5) 주제별로 찾아 연결하기

　　사랑을 베푸시는 하나님

　　정의를 구현하시는 하나님.

　　하나님이 받으셔야 할 영광 등

　　주제별로 가급적 가까운 문단끼리 연결해 보기

　　본서 구약의 예 참조. 민 11:1-25:5, 삿 3:7-16:31

6) 키($\chi\iota\alpha\sigma\mu\alpha$ 첫자) 표 만들고 주석쓰기(대칭관계 설명 필수)

A. 애가

　　1:(전체 22절)　A 폐허 한탄

　　2:(전체 22절)　　　B 이유－이스라엘 죄 고백

　　3:(전체 66절)　　　　　M

　　4:(전체 22절)　　　B′ 결과－죄, 벌

　　5:(전체22절)　A′ 한탄

＊숙제 A B M B´A´를 설명하여 보라. M의 내용을 한 문장으로 요약하라.

B. 요한복음

13:21-20, 36-38 가룟 유다와 베드로의 배반 예언

고별설교
┌ 14:6 내가 길, 진리, 생명이다. 14:16 보혜사 오실 것
│ 15:1─나는 포도나무 너희는 가지, 친구 위해 목숨버림
│   이 큰 사랑
│ 16: 승천예고, 성령 오실 것
└ 17:예수님의 도고기도

18:5, 25-27 가룟 유다와 베드로의 배반 실현

위의 제공된 자료로 교차대구 구조표를 만들고 주석하라.

＊영광받으심=영광이신 하나님의 본질이(사랑) 드러나는 것

C. 출애굽기

12:15-20   A 무교절

21-28   B 유월절

29-36   C 열 번째 재앙
37-42   C´ 출애굽   ] M

43-51   B´ 유월절

13:1-10   A´ 무교절

절기들 사이에 재앙과 출애굽 사건이 있는바 절기들의 의미

를 찾아야 출애굽의 본 의미를 설명할 수 있음

＊**숙제:** 교차 대칭되는 A A′ B B′ 관계를 설명하고 마지막 재

앙과 출애굽의 관계와 사건의 주체를 밝히라.

D. 출애굽기

15:22-23   마라의 쓴 물,

16:4-20   만나와 메추라기

16:23-30   안식일 계명

17:1-7   르비딤의 반석물

위의 제공된 자료로 교차대구 구조표를 만들고 주석하라.

제 2 부

알아두면 유익한
성경 속 문학적
표현 몇 가지

답관체(Acrostic: 머리를 밟아가는 형식)

시의 행이나 연의 첫 머리에 알파벳 순서로 된 단어가 규칙적으로 등장하도록 시를 지어 결국 시의 행이나 연의 첫 머리가 모든 알파벳을 순서대로 망라하게 되는 정형시 형식

대표작은   시 119편: 8진법으로 22연까지 히브리 알파벳 순서를 따라 자음 한 자에 8줄(8절)씩 지어 총176절의 시를 만듦.

시 25편: 자음 한 자로 한 절씩 총 22절.

그 외에도 시 9:, 10:, 34:, 37:, 111:, 112:, 145:, 애가 ⋯ 등 있음.

반복 대구법

세계 어느 문화권에서나 단순 소박한 수사법으로 가장 기본적인 원시적 문장기교이다. 몇 가지 예를 소개한다.

마 24:42-44   깨어있어 예비하라 (3중 반복 대구)

       42a A1   (주절…명령) 깨어 있으라

       42b B1   (종속절…이유)…어느 날에…알지 못해

       43a A2   (주절…명령)…그러나 이것을 알라

       43b B2   (종속절…목적)…만일 집 주인이…못하게 하였으리라

       44a A3   (주절…명령)…그르므로 너희도 예비하고 있으라

       44b B3   (종속절…이유)…생각지 않은 때에 인자가 오리라

출 33:12-23   금송아지 사건 후

  12.13 A1   모세간구 ┐
  14   B1   하나님의 응답 │
  15,16 A2   모세간구 │   모세의 간구는 시간이 흐를수록 내
  17   B2   하나님의 응답 │   용이 점점 줄어드는 점강법 사용,
  18   A3   모세의 간구 │   하나님의 응답은 시간이 흐를수록
  19-23 B3   하나님의 응답 ┘   내용이 늘어나는 점층법이 사용됨

마 5:3-10   8복 (8중 반복 대구법)

  3a   A1   심령이 가난한 자
  3b   B1   천국이
  4a   A2   애통하는 자
  4b   B2   위로
  5a   A3   온유
  5b   B3   땅을
  6a   A4   의에 주리고 목마른 자
  6b   B4   배부름
  7a   A5   긍휼히 여기는 자
  7b   B5   긍휼히 여김
  8a   A6   청결한 자
  8b   B6   하나님 봄
  9a   A7   화평케 하는 자
  9b   B7   하나님 아들
  10a A8   의를 위해 핍박 받는 자
  10b B8   천국이

마 5:22 대인관계: 형제 (3중 반복 대구)

A1   형제에게 노하는 자는

B1   심판 받게 됨

A2   라가라 하는 자는

B2   공회에 잡히게

A3   미련한 놈이라 하는 자는

B3   지옥불에 들어가게

눅 6:27-36 천국민의 윤리 (3연으로 구성된 3중 반복 대구법)

32a   A1   너희가 만일…사랑하면

32b   B1   칭찬 받을 것이 무엇

32c   C1   죄인들도 사랑하는 자를

33a   A2   너희가 만일…선대하는 자를

33b   B2   칭찬 받을 것이 무엇

33c   C2   죄인들도 이렇게

34a   A3   너희가 받기를 바라고

34b   B3   칭찬 받을 것이 무엇

34c   C3   죄인들도…

마 26:69-75 베드로의 3회 예수 부인과 통회

(3중 반복 대구+점층법)

69a	P	베드로가 바깥 뜰에 앉음
69b	A1	한 비자의 질문
70	B1	베드로의 1차 부인
71	A2	다른 비자의 질문
72	B2	베드로의 2차 부인
73	A3	사람들의 질문
74a	B3	베드로의 3차 부인
74b, 75	E	베드로가 나가서 통곡

그외 민 22:22-27(+점층법), 고후 3:7-11(4중 반복 대구)

반복대구법은 동일한 의미와 구조의 문장이나 단어를 거듭 말해서 듣는 자가 친근한 운율속에서 보다 더 인상깊게 받아들이게 하는 논법을 문학적 기교로 접목했다.

예수님도 자주 사용하셨다. 마 5:22, 29, 30, 34-36.

평행 대구법

요 17:20-23 개역성경이 원어성경 순서 및 단락 구문을 무시해 대구적 성격을 못 살려 본질적 의미를 놓쳤는데, 원문으로 살피면 자구적, 내용적 측면이 치밀한 5중 평행 대구다.

20	A 중보기도의 대상
21a	B 하나 ($\ell\nu\alpha$) I ⋯ 하나되게 함
21b	C 카도스($\kappa\alpha\theta\grave{\omega}\varsigma$) I
21c	D 하나 ($\ell\nu\alpha$) II ⋯ 우리 안에 있게 함
21d	E 하나 ($\ell\nu\alpha$) III ⋯ 믿게 함
22a	A′ 중보기도의 대상
22b	B′ 하나 ($\ell\nu\alpha$) I ⋯ 하나되게 함
22C, 23a	C′ 카도스($\kappa\alpha\theta\grave{\omega}\varsigma$) I
23b	D′ 하나 ($\ell\nu\alpha$) II ⋯ 하나로 온전케 함
23c	E′ 하나 ($\ell\nu\alpha$) III ⋯ 알게 함

출14:1-31

1-4   A 하나님의 명령과 예언

5-9   B 예언의 실현

10-12 C 이스라엘의 반응

13-14 D 구원의 약속

15-18 A′ 하나님의 명령과 예언

19-23 B′ 예언의 실현

24-25 C′ 애굽인의 반응

26-31 D′ 구원의 성취

출 16:6-8

6   A 저녁이 되면 너희가 … 알 것이요

7a   B 아침에는 너희가 … 보리니

7b   C 이는 여호와께서 … 들으셨음이라

7c   D 우리가 누구관대 … 원망하느냐

8a   A′ 저녁에는 너희에게 … 먹이시고

8b   B′ 아침에는 … 배불리시니

8c   C′ 이에 여호와께서 … 들으셨음이니라

8d   D′ 우리가 누구냐 … 여호와를 향하여

막 5:35-43 예수의 신적 권능

35, 36 P (서언)

37   A 이적의 동참자

38, 39 B 예수의 행동

40a   C 무리의 반응

40b   A′ 이적의 동참자

41, 42a B′ 예수의 행동

42b   C′ 무리의 반응

43   E (결언)

신적 권능을 이중적으로 강조함

마 12:41-42

41a   A 심판 때 … 정죄하리니

41b   B 이는 … 회개하였음

41c   C 요나보다 더 큰 이가

42a   A′ 심판 때 … 정죄하리니

42b   B′ 이는 … 왔음이어니와

42c   C′ 솔로몬보다 더 큰 이가

A, A′ = 심판 때

B, B′ = 증인자격(이방인들)

그리스도 직접 찾아와도 경청 순종 없어

출 17:1-16

> 1-3   A   문제의 발단: 기갈
>
> 4-5a   B   문제의 해결자: 여호와(모세)
>
> 5b-6   C   문제의 해결: 물의 공급
>
> 7   D   사건의 기념: 므리바
>
> 8   A′   문제의 발단: 전쟁
>
> 9-13a   B′   문제의 해결자: 여호와(모세, 여호수아)
>
> 13b   C′   문제의 해결: 전쟁의 승리
>
> 14-16   D′   사건의 기념: 여호와 닛시

막 16:9-13 예수 부활

> 9   A   부활하신 예수님의 현현
>
> 10   B   부활의 증인
>
> 11   C   예수 부활에 대한 불신
>
> 12   A′   부활하신 예수님의 현현
>
> 13a   B′   부활의 증인
>
> 13b   C′   예수 부활에 대한 불신

평행 대구법은 어떤 내용을 여러 겹으로 보여주어 그 내용이 사실임과 중요함을 강조하는 역할을 한다.

이외에도 창 32:27-30, 민 6:22-27, 9:15-23, 16:1-17:11, 요 17:20-23, 고전 7:2-4 등 많이 분포되어 있음.

역설 평행 대구법(Paradox Parallelism)

마 20:26, 27

> 26b   A   너희 중에 누구든지 크고자 하는 자는
>
> 26c   B   너희를 섬기는 자가 되고
>
> 27a   A′   너희 중에 누구든지 으뜸이 되고자 하는 자는
>
> 27b   B′   너희 종이 되어야 하리라

역설은 불합리하고 상식과 충돌하는 듯 보이나 내면에 심오한 진리가 포함되어 있는 교훈을 보다 효과적으로 전달하기 위해 반복과 함께 쓰이는 문학표현의 기교로서 예수님이 즐겨 사용하심.

마 13:20, 20:16, 막 10:25

반의적 대구법(Antithetic Parallelism)

막 3:4   A 선을 행하는 것

B 악을 행하는 것

A′ 생명을 구하는 것

B′ 생명을 죽이는 것

A 보다 A′, B 보다 B′ 가 더 심화된 내용(점층법 추가)

반의적 대구법은 첫 행과 둘째 행의 내용이 대립되는 형식인데 유대 지도자들의 사고 및 행위와 예수님 자신의 사고 및 행위를 대조시키고 있다.

동의적 평행 대구법(Synonymous Parallelism)

첫 행 내용과 둘째 행 내용이 동일하거나 유사하고 앞에 나온 내용보다 뒤에 나오는 내용이 더 강조적이며 구체적으로 묘사되는 점 층법까지 추가하여 맛을 내는 표현법이다.

시 19:1, 21:1, 90:3, 4, 100:4, 114:3, 신 6:7, 창 31:1-3, 33:12-17

특별한 "예" 갈 3:3(한 절)

반의적 평행 대구(한글개역)

A 성령으로 시작하였다가

B 이제는 육체로 마치겠느냐

헬라어 원문성경(U.B.S³) 교차대구 구조로

A 시작하였다가 (ἐναρξάμενοι)

  B 성령으로 (πνεύματι)

    M 이제는 (νῦν)

  B´ 육체로 (σαρκὶ)

A´ 마치겠느냐 (ἐπιτελεῖσθε)

참고도서

1. 구역 원어 대조 성경 – 로고스

2. 히브리어 한글대역 구약성서 – 강신택

3. 히브리어에서 우리 말로 – 민영진

4. 카일 · 델리취의 구약 주석

5. 시편에 산다 – 이병용

6. 스테판 원어 성경 – 원어 성서원

7. 핸드릭슨 신약 주석 – 핸드릭슨

8. Discoveries in Chiasmus

9. A Pattern in All things - by Lori Gottlieb

10. Chiasmus in the New Testament

11. A Study in the Form and Function of Chiastic Structures – Nils Wilhelm

12. Chiasmus in Antiguity Structures, Analyses Exegesis – John W. Welch

13. The Shape of Biblical Language - John Breck

바라옵기는(후기)

신실하신 목회자는 열 번, 아니 백 번이라도 똑같이 고백할 수 있습니다.

"아버지 하나님께서 주신 말씀의 참 뜻을 터득하고
믿음의 용기를 다해 순종하여 살면서
맡겨주신 성도들에게 귀하고 풍성한 영의 양식, 맛갈나는 요리를
식탁에 올려드리고 싶은 게 소원" 이라고요.

각종 탐스럽고 싱싱한 재료, 이따금은 희귀한 약초까지도 캐기 위해 땀에 옷 적시고 아깝지 않게 많은 시간도 드리며, 가급적 쟁기도 견고한 것, 최신의 것, 날렵하고 예리한 연장들로 바꾸어 가며 더 많은 더 비싼 천삼까지 찾아서 열량도 조절하고 색깔까지 조화시켜 보기도 좋고 냄새에도 흠뻑 빠질 영양식 요리 만들어 우리 가족, 천국 가족 모두에게 먹이고, 드시게 하고 함박 웃음 양념 더해 즐기고 또 즐기려는 한결같은 마음들..

여기 히브리인들이 성경에서 자주 사용한 문학표현 방법 중 교차 대구라는 식기 속에 있는 영적 영양분 가득한 샌드위치를 소개했습니다. 가운데 좋은 고기를 중심으로 앞뒤에 여러 야채를 놓고 양쪽가에 빵으로 덮어 만든 샌드위치입니다. 간단한 레시피도 있습니다.

이 책이 그런 식기가 되었으면, 작은 소임을 다하는 레시피이기를 바랄 뿐입니다.

고맙습니다.

아버지 하나님

우리가 아버지를 높여 드릴 수 있다면 영광을 위해서라면

머뭇거리지 않게 하소서. 계산하고 따지지 말게 하소서.

꾸물대고 미루고 떠넘기고 입으로만 하는

나쁜 습관을 버리게 하소서.

날마다 새로운 핑계와 불평의 도가 넘지 않도록 붙잡아 주소서.

작은 일, 힘든 일, 아무도 알아주지 않는 일에 힘쓰게 하소서.

낮아지고 내려놓아

아버지 하나님의 사랑과 지혜가 더 드러나게 하소서.

부모 없는 아이들, 병들어도 약 한 톨 못 구하는 사람들,

굶는 날이 먹는 날보다 많은 사람들,

수십 리 길 마실 물 찾아가 흙탕물 조금 떠 하룻길 되돌아오는 아

이들,

질병으로 세상 떠날 날만 바라는 사람들,

자연재해, 지진, 전쟁으로 시달리는 사람들,

착취 억압 당하고 마음의 상처투성이의 사람들.

그 앞에서 어찌 불평할 수 있는지,

어찌 나 몰라라 외면할 수 있는지요.

아버지 하나님, 이 책이 보잘것없는 것이라도 성령님의 손바닥 안에서 작은 보리떡 하나로 사용되게 하옵소서. 이 안에 쓰여있는 하나님의 진정한 뜻, 복음 전파와 사랑을 따라 나누는 삶에 촉진제가 되기를 소망합니다. 아버지를 기쁘시게 하는 역사에 동참하려는 자들에게 격려제가 되게 하소서.

여기도 저기도 하나님나라이기에 주님 통치 안에서 지켜주심에 위로받고 용기 얻어 만족과 감사함으로 향기롭고 맛도 좋은 삶을 살게 하소서. 영원히 영원히 내 주가 다스리시는 그 나라를 경험하며 전하게 하소서.

역시 아버지 하나님은 최고십니다.

박수쳐드리고 찬양합니다.

두 손 들고 달려갑니다. 얼싸 안아 주옵소서. 아멘